교사를 위한
어린이 연극 수업

교사를 위한
어린이 연극 수업

창비

들어가는 말

2015 개정 국어과 교육과정에서 가장 큰 관심거리를 뽑으라면 단연 독서와 연극일 것입니다. 3~4학년군, 5~6학년군 교과서에 신설된 독서 단원과 5~6학년군 교과서의 연극 단원이 그 화제의 중심에 있지요. 그래도 독서 단원의 한 학기 한 권 읽기는 형편이 좀 나은 편입니다. 어린이 문학이나 온작품 읽기에 관심을 두고 꾸준히 공부해 온 전문가들이 현장에서 노하우를 축적해 왔으니까요. 안타깝게도 어린이 연극의 경우는 사정이 다릅니다. 당장 연극 단원을 가르쳐야 하는 선생님들 중에서 어린이 연극을 공부했거나 직접 무대에 오른 경험이 있는 분은 가뭄에 난 콩을 찾듯 해야 할 지경입니다. 선생님들의 고민이 시작되는 지점이 바로 여기입니다. 자신도 하지 못하는 연극을, 더 정확히 말하면 '연기'를 어떻게 학생에게 가르쳐야 할지 난감한 것이지요.

이것은 당장 연극 단원을 가르쳐야 할 5, 6학년 선생님만의 고민은 아닐 것입니다. 인터넷, 디지털 기기의 발달과 더불어 교육 역시 '연행적 전환'(performative turn)을 맞이했습니다. 이제 몸짓으로 표현하는 연행(演行)은 무용이나 행위 예술 같은 영역에만 한정되는 것이 아닙니다. 흔하게는 초등학생들이 가장 손쉽게 소비하고 생산하는 동영상도 글이 아닌 말과 몸짓을 기반으로 하고 있지요. 시대의 흐름에 맞추어 연행 예술의 꽃이라고 할 수 있는 연극에 대한 관심 또한 점차 뜨거워지고 있습니다. 초등학교 선생님이라면 어느 학년에서 어떤 과목을 가르치든 언젠가는 어린이 연극과 만날 수밖에 없는 상황입니다. 배우 경험이 없는 선생님의 고민이 남의 일이 아니게 되는 것이지요.

그런데 사실, 이러한 고민은 연극에 대한 관점의 차이에서 기인합니다. 연극 교육계에서는 꽤 오랫동안 이 논쟁이 진행되어 왔습니다. 즉 시어터(theatre)를 가르쳐야 할지 드라마(drama)를 가르쳐야 할지의 문제라고도 할 수 있지요. 범박하게 설명해 보자면 시이디는 '연극 교육' 관점의 연극으로, 연극을 교육하는 것을 말합니다. 보통 '연극' 하면 떠오르는 공연극이 바로 여기에 해딩합니다. 그간 초등 교육에서 공연극은 대체로 특수 영역에 있었습니다. 정규 교과 시간이 아닌 방과 후에 진행하는 연극 동아리나 1년에 한 번 하는 학예회 공연처럼 말이지요. 이 활동은 객관적인 절차와 예술성, 결과물로서의 공연을 중시한다는 특징이 있습니다.

반면 드라마는 '교육연극' 관점에서의 연극, 즉 교육 방법으로서의 연극을 말합니다. 여기에는 역할극, 몸짓 놀이, 즉흥극, 과정 드라마처럼 주관적 표현과 과정을 중시하는 활동이 포함됩니다. 이를테면, 대사 없이 몸의 움직임만으로 바람에 흔들리는 나무를 표현하는 것도 훌륭한 드라마입니다. 드라마 활동에서는 똑같은 장면을 반복적으로 연습하여 숙련시키지 않으며, 결과물의 예술성과 완결성 논의에서도 상대적으로 자유로운 편입니다.

그렇다면 초등학교에서는 연극을 어떤 관점으로 파악해야 하는지 의

문이 생깁니다. 연극 단원을 먼저 살펴보겠습니다. 교육 내용의 측면에서 보자면 연극 단원은 최종적으로 '공연'을 지향한다고 할 수 있습니다. 활동의 복합성을 고려하여 연극 단원이 5학년 2학기부터 제시된다는 점, 극본을 이론적으로 익히는 데 상당 부분을 할애하고 있다는 점, 학년에 따라 학습 내용이 공연극을 향해 심화하고 있다는 점에서 그렇습니다. 이는 6학년 2학기 연극 단원의 마지막 차시 목표가 '무대에서 연극을 공연할 수 있다.'라는 점에서 단적으로 확인할 수 있습니다. 그러니 교사는 학생들이 예술적으로 완성된 연극을 공연할 수 있도록 훈련하는 데 힘을 쏟아야 할까요?

문제는 그리 단순하지 않습니다. 연극 단원 설정의 취지는 2015 개정 교육과정에서 강조하는 인문학적 소양 교육에서 근거를 찾을 수 있습니다. 학생들이 연극 활동을 하며 자기 자신을 이해하고 타인과 사회를 이해함으로써 인성을 함양하는 것이 바로 연극 단원의 목적입니다. 교사용 지도서에서도 '과도한 표현 및 결과 중심의 연극 활동은 지양하며, 학습자가 연극 활동을 부담스럽게 여기지 않고 즐거움과 재미를 느낄 수 있는 방향으로 지도해야 한다.'라는 내용이 명시되어 있지요. 이러한 점에 비추어 본다면 연극 단원이 궁극적으로 요구하는 바는 명확합니다. 결과가 아니라 '과정'을 경험해야 하며, 기술이 아니라 '태도'를 배워야 한다는 것이지요.

물론 연극을 교육하는 것과 연극으로 교육하는 것은 대립적인 관계가 아닙니다. 공들여서 완성하는 공연극도 과정이 즐거워야 배움이 크고, 그저 노는 듯 보이는 즉흥극도 예술성이 더해지면 훨씬 즐겁습니다. 다만 초등학교 연극 활동의 목적이 언제나 연극 그 자체가 아니라 연극으로 얻게 되는 '어떤 것'이어야 한다는 점을 잊지 않아야 합니다. 그 어떤 것은 사회성, 협동심, 창의성 등 보편적인 교육적 가치를 지향하고 있을 것입니다. 그러니 연기 경험이 전혀 없는 선생님이라고 해서 지레 주눅이 들 필요는 없겠습니다. 학생들은 연기를 배우는 것이 아니라 연기로 배웁니다. 선생님 역시 연극을 잘하는 사람이 아니라 잘 가르치는 방법을 아는 사람이 되어야겠지요.

『교사를 위한 어린이 연극 수업』은 연극이 '특수 전문가'의 영역이라고 오해하는 선생님을 돕기 위한 책입니다. 이를 위해 연극 교육 연구자, 초등학교 교사, 학교 밖 어린이 연극 전문가가 모여 머리를 맞대고 서로의 경험과 노하우를 모아 책 내용을 구성하였습니다. 과정 드라마라는 말을 처음 들어 보는 선생님, 정식으로 무대에 서 본 적이 한 번도 없는 선생님, 연기가 영 쑥스러운 선생님, 혹은 자신 없지만 연극 수업에 한번 도전해 보고 싶은 선생님이 읽어 주시면 좋겠다는 바람입니다.

1부 '연극 수업의 첫걸음'에서는 어린이 연극 수업의 특징과 난제에 대한 이론을 에세이 형식으로 편안하게 풀어내었습니다. 총론 격의 글이므로 구체적인 연극 수업 사례를 읽기 전에 찬찬히 읽어 보시기를 권합니다. 어린이 연극의 놀이성 회복, 연극을 가르치는 예술가로서의 교사, 연극의 일상성에 대한 세 가지 생각거리를 담았습니다. 서로 다른 세 가지 관점을 통해 선생님들이 어린이 연극에 대해 좀 더 넓은 시야를 확보하고, 연극 수업에 한발 다가설 수 있게 되기를 기대합니다.

2부 '현직 교사의 교실 연극 수업'에서는 초등학교 안에서 정규 시간 동안 이루어지는 연극 수업 사례를 담았습니다. 통합 수업에서의 연극, 연극 전문 외부 강사와의 협업 수업, 드라마 수업, 동시를 활용한 연극 수업 등 다채로운 연극 수업을 참관할 수 있습니다. 약간의 노하우와 용기만 있다면 어떤 선생님이든 실천할 수 있는 수업을 소개하고 있다는 점에서 현장 선생님들에게 실질적이고 유용한 도움이 될 것입니다.

3부 '학교 밖에서 벌이는 연극 수업'에서는 연극 전문가들의 연극 수업을 소개합니다. '학교 밖'은 수업의 공간이 어디인가가 아니라 수업의 주체가 누구인가의 문제로 이해하시면 쉬울 듯합니다. 여기에서는 일반 초등 교사가 아닌, 연극을 오랫동안 연구해 온 전문가들의 특별한 연극 수업 노하우가 담겨 있습니다. 칙칙폭폭 인형극단 이야기, 대안학교에서의 연극 놀이, 전문 연극 강사의 수업 사례를 통해 현직 교사의 수업과는 조금 다른 빛깔의 연극 수업을 살펴볼 수 있습니다. 전문가들이 오랜 기간 연극 수업을 하며 터득한 방법을 읽어 보면 학교 수업에서도 활용할 수 있는 다양한 아이디어를 얻을 수 있으리라 생각합니다.

'가장 큰 재능은 좋아하는 재능'이라는 말이 있습니다. 무언가를 좋아하는 사람은 누가 뭐라 하지 않더라도 스스로 노력하기 때문이지요. 같은 맥락에서 생각해 본다면, 이 책을 읽고 계신 선생님 역시 어린이 연극 수업을 잘 수행할 수 있는 자질을 갖춘 분이라고 할 수 있습니다. 이미 연극 수업을 위해서 자발적인 노력을 시작하고 계시니까요. 부디 『교사를 위한 어린이 연극 수업』이 선생님의 행복한 연극 수업에 작은 보탬이 되기를 기원합니다.

필자들을 대표하여 천효정 씀.

1부

연극 수업의 첫걸음

연극 수업과 연극 놀이

1. 연극 단원이 불러온 대혼란

　초등 교육에서 연극이 갑작스럽게 화두로 떠올랐다. 2015 개정 국어과 교과서에 새로 들어온 연극 단원이 그 발원지다. 가장 민감한 관심을 보이는 집단은 당장 연극 단원을 가르쳐야 하는 교사들이다. '연극 단원을 어떻게 가르쳐야 하는가'에 대한 질문은 원론적인 문제로 이어진다. 과연 연극이란 무엇인가? 그리고 연극을 가르친다는 것은 어떤 의미인가? 교육 현장에서는 연극 연구자, 극본 작가, 극단 배우, 공연 기획자에 이르기까지 연극과 관련된 온갖 '전문가'들이 발맞추어 훈수를 두고 나서는 모양새다. 이 때문에 개념 확립에 도움이 되어야 할 용어마저 무질서하게 뒤섞여 혼란을 부추기고 있다.

　연극이라는 장르 자체는 초등 교육에서 그리 낯설지 않다. 초등 국어

천효정　초등학교 교사, 동화작가. 『아기 너구리 키우는 법』 『아저씨, 진짜 변호사 맞아요?』 『콩이네 옆집이 수상하다!』 등의 동화를 쓰고, 『가상 놀이를 통한 이야기 창작 교육』을 썼다.

과 교육과정에서 연극이라는 용어가 등장한 지도 50년이 훌쩍 넘어섰다. 국어 교과서에 극본이 실리기 시작한 시기 역시 그만큼이나 오래되었다. 개정 전 교과서에서도 학년별로 한두 편씩은 극본이 실려 있었다. 특별히 연극 프로젝트를 진행하지 않는 반에서도 일 년에 몇 차례 정도는 이미 연극 수업을 진행했던 셈이다. 그렇다면 지금 초등 교육에서 연극이 다시금 호출되고 있는 이유는 무엇인가?

2. 어린이는 왜 연극을 좋아하는가

어린이는 연극을 좋아한다. 아무리 짧고 시시한 글이라도 그것이 극본의 형식을 띠고 있다면, 아이들은 반드시 연기하고 싶어 한다. '좋은 역' 그러니까 대사가 많은 주인공 역을 맡기 위해 치열한 경쟁을 벌이는 모습도 교실에서는 흔하게 볼 수 있는 광경이다. 이런 모습만 보면 초등학생들이 연극을 꽤 즐기는 것 같지만, 실상은 다르다. '저 잘할 수 있어요!' 하고 자신 있게 도전한 학생들도 실제 연극 상황에 돌입하면 나무인형처럼 뻣뻣한 몸짓으로 대사를 틀리지 않는 데만 온 정신을 쏟는 경우가 많다. 나머지 아이들은 건성으로 지켜보며, 이번 편이 끝나고 다음번에는 자신이 좋은 역할을 맡을 수 있을지에만 관심이 있을 뿐이다. 회차가 바뀌어도 상황은 그대로 반복된다. 연극의 핵심 요소라 할 수 있는 연행은 사라지고, 기계적인 대사 암송만 남는다.

연극 수업에서 왜 이런 일이 발생하는 것일까? 이유 중 하나로 그간의 연극 활동에서 극본의 절대성을 지나치게 강조해 온 점을 꼽을 수 있다. 이는 연극 수업을 주로 국어 교과에서 맡아 왔던 이유와도 상통한다. 문학적 완성도를 지닌 극본을 온전하게 재현하는 것을 중시하다 보니, 극본에서 가장 큰 비중을 차지하는 대사가 상대적으로 중요해진 것이다. 대사를 정확히 외우고, 해설과 지문 안에서 절제된 표정과 몸짓을 하는 정극(正劇) 형식의 연극이 모범적인 형태로 여겨져 온 것도 이와 같은 맥락이다. 학생들은 조사 하나까지 정확하게 대사를 암송하는 것만으로도 엄청난 에너지를 소모해야 한다. 글로 표기되어 있지 않은 표정이나 몸짓까지 고민할 여력이 없는 것은 당연하다. 극본에 압도되면 연극에서 가장 먼저 사라지는 것은 자유롭고 풍부한 즉흥 몸짓과 유쾌한 놀이 에너지다.

역동적인 연행은 본격적인 공연극보다는 오히려 드라마 수업에서 더 쉽게 찾아볼 수 있다. 짧은 역할극, 몸짓 놀이, 즉흥극 등의 드라마는 기본적으로 학생의 자율성과 즉흥성, 창조적 표현, 과정의 즐거움을 강조한다는 면에서 놀이의 속성과 통한다. 무엇보다 극본 자체가 거의 필요 없기 때문에 대사 암기의 부담이 획기적으로 적다. 예를 들어 '옆집에서 살인 사건이 일어났다.'라는 상황만 주어지면, 학생들은 정해진 극본이 없어도 목격자의 대사나 몸짓 등을 만들어 낼 수 있다. 이렇게 생성된 즉흥 대사나 몸짓이 얼마나 예술적으로 가치 있는가의 문제는 그다지 중요하지 않다. 드라마 활동에서는 결과물보다는 경험 그 자체에 더 큰 의미를 두기 때문이다.

드라마로서의 연극은 그동안 평가 절하된 면이 있었다. 공연극 수업은 보통 극본을 충실하게 읽고, 대사를 암기하고, 연기를 반복적으로 연습하는 방식으로 진행된다. 이 과정에서 극본에 기반하지 않는 즉흥 표현, 장난스러운 태도, 과장된 연기는 모두 금물이다. 반면 드라마에서는 결과물에 대한 객관적인 척도가 없고, 개인의 자유로운 표현에 훨씬 관대하다. 그러다 보니 전통적인 연극 수업에서는 드라마가 실제 연극이 아니라 '연극 기분을 내는 놀이' 정도로 치부되기도 했다. 여기에서의 놀이의 의미는 아마도 진지하지 않은 것, 가치 없는 것 정도가 될 것이다.

그러나 연극과 놀이는 기원에서부터 매우 밀접한 연관을 맺고 있다. 인간은 아주 이른 시기부터 연극적 행위를 시작한다. 짐짓 '~하는 척' 연기하는 가상 놀이는 빠르면 만 2세부터 시작하며, 만 6세가 되면 매우 능란해진다. 가장 초기 형태의 연극이라 할 수 있는 가상 놀이를 지배하는 것은 파이디아(paidia)다. 파이디아는 놀이 연구자인 로제 카유아(Roger Caillois)가 제안한 용어로, 소란과 즉흥의 에너지를 말한다. 초기 상태의 파이디아는 아무거나 건드리고, 잡고, 맛보고, 냄새 맡고 싶은 충동으로 나타나고, 이후에는 손 닿는 모든 것을 떨어뜨리고 싶은 충동으로 이어진다. 이 욕구는 파괴하거나 부수고 싶은 욕망으로 쉽게 변하는데, 종이를 길기길기 찢는 즐거움, 쌓아 올린 것을 무너뜨리는 즐거움, 대열을 방해하는 즐거움, 다른 사람의 놀이나 일을 어지럽히는 즐거움 등이 바로 그것이다.

파이디아는 인간의 예술 행위 전반을 지탱하는 중요한 한 축을 담당한다. 즉흥과 희열의 원초적인 힘은 놀이의 필수 불가결한 원동력이며 연극을 발생시키는 힘이다. 실제로 어린이가 가상 놀이를 하는 모습을 지켜보면 그 안에 야단법석과 소란의 에너지가 놀이를 이끌어 가고 있다는 사실을 발견할 수 있다. 파이디아가 해방된 연극 놀이에서는 아이들이 분방한 상상력과 아이디어를 마음껏 표현할 수 있다. 그동안 교육에서 쓸모없다고 판단하거나 교정할 대상으로 여겼던 '뒤죽박죽'이고 '흥분된' 에너지가 연극 수업에서는 매우 중요한 동력이다.

문제는 대부분의 연극 수업이 극본을 기반으로 이루어진다는 점이다. 극본이라는, 이미 정해진 규칙과 틀이 존재하는 수업에서 파이디아적 놀이성은 어떻게 발현될 수 있을까? 여기에서는 공연극과 드라마가 양극단에 있는 개념이 아니라는 통찰이 필요하다. 공연극도, 드라마도 그 나름의 교육적 장점을 가지고 있으며 절충이 가능하다. 연극 단원이 형식적으로는 공연극을 지향하면서도 실제로는 '즐겁게 참여하고 적극적으로 표현하려는 학생의 태도'를 평가하고 있는 것과 마찬가지다. 2015 개정 교육과정에서 연극을 수행적 차원에서 체험 중심으로 접근하고 있다는 사실은 퍼포먼스로서의 연극, 놀이로서의 연극에 강조점을 두고 있다는 의미로 해석할 수 있다.

다시 앞의 이야기로 돌아가 보자. 아이들은 왜 연극을 좋아하는가? 왜 예술적으로 완성된 극본을 읽는 활동만으로는 만족하지 못하는가? 해답은 연극의 놀이성에 있다. 자연적인 놀이 상황에서 아이들은 즐거워하며 연기한다. 가위바위보에서 이긴 아이는 펄쩍펄쩍 뛰면서 과장되게 기뻐하고, 진 아이는 약 올라 죽겠다는 표정을 지어야 한다. 아무래도 좋다는 표정을 짓고 있는 어른과 하는 가위바위보가 재미있을 리없다. 알맞은 표정과 몸짓을 연기하지 못하는 사람과 하는 놀이는 더 이상 놀이가 아니다. 아이들이 연극을 좋아하는 이유는 그 본질이 놀이와 맞닿아 있음을 본능적으로 감지하고 있기 때문이다. 연극 수업이 나아가야 할 방향도 바로 그렇다.

3. 극본, 금과옥조에서 놀잇감으로

연극 수업을 진행 중인 교실에서 간혹 '노는 배우'가 나타날 때가 있다. 이들은 생생한 표정과 놀이적인 몸짓을 구현하며, 역할을 온전히 장악한다. 이들의 등장을 가장 먼저 알아채는 사람은 관객이다. 무심한 표정을 짓고 있던 아이들이 눈을 반짝이며 극에 집중하고, 소리 내어 웃기 시작했다면 바로 노는 배우가 나타났다는 증거다. 안내된 지문 이외의 행동을 전혀 하지 않는 일반 학생들과 달리, 노는 배우들은 표정과 몸짓에 제약이 없다. 이들에게 연극 수업은 공부가 아니라 놀이다.

노는 배우를 어떻게 평가할 것인가는 극본의 위상 문제와 연결된다. 여전히, 많은 연극 수업에서 극본은 금과옥조의 자리를 차지하고 있다. 그런데 노는 배우들은 대범하게 대사를 멋대로 수정한다. 이런 경우 연극은 극본을 그대로 재현하지 않고 재창작하면서 끝을 맺는다. 노는 배우들에게 '연극 시간을 노는 시간으로 생각해서는 안 된다.'라고 훈계하는 교사들이 종종 있다. 그 마음을 이해하지 못하는 바는 아니나, 빈대를 잡으려다가 초가삼간을 태우는 우를 범하지 않도록 주의해야 한다. 떠들썩하고 뒤죽박죽인 연극 수업과 적막이 흐르는 정돈된 연극 수업 중 어느 쪽을 선택해야 하는지는 사뭇하다.

연극 수업의 어려움은 오히려 노는 배우가 전혀 없는 상황에서 발생한다. 노는 배우는 타고난 연극적 자질과 쇼맨십이 있기 때문에 특별한 교육을 받지 않아도 자연스럽게 두각을 드러낸다. 보통 학생이 노는 배우처럼 '알아서' 논다는 것은 꿈도 못 꿀 일이다. 따라서 이들이 노는 배우처럼 자연스러운 표정과 몸짓을 표현하기 위해서는 특별한 준비와 도움이 필요하다. 학생들의 자연스러운 연행을 가로막는 가장 큰 장벽은 일상적인 아이의 말투와는 너무 다른 극본의 대사체다. 다음 극본을 읽어 보자.

> 숲의 마음 할아버지: 이 숲에서 그렇게 꽃이 피는 것을 지켜본 사람은 네가 처음이야. 그렇게 관심을 갖고 지켜봐 주는 것, 그게 바로 사랑이야.
>
> 성민: 전, 숲이, 좋아요. 조용하고, 천천히, 느리게, 걷고, 생각해도, 놀리는 아이들도, 없고…….

숲의 마음 할아버지: 그래서 그렇게 자주 오는 거니?

성민: 예.

숲의 마음 할아버지: 그런데 오늘은 무슨 일이 있어서 그렇게 한숨을 쉬었니?

성민: (고개를 푹 숙인다.)

숲의 마음 할아버지: 숲의 마음은 그 숲을 제일 사랑하는 사람을 위하여 마법의 힘을 사용할 수 있단다. 그러니까 네 마음속 걱정이나 슬픔을 말해 보렴.

― 2015 개정 국어 6-1 연극 단원 「숲이 준 마법 초콜릿」 극본 중에서

이 극본을 소리 내어 읽어 보면 분명해진다. 등장인물들은 표면상 대화를 하고 있지만, 대화의 내용은 시적인 독백이다. 일상에서 아이들은 독백하지 않는다. 달리기할 때 손의 움직임에 따라 발이 같은 리듬으로 따라붙는 것처럼, 연극에서는 말에 따라 표정과 몸짓이 협응한다. 보통 학생들에게 이 극본을 토씨 하나 바꾸지 않고 외우도록 하면, 아이들의 생생한 몸짓 언어가 사라지는 일은 이미 정해진 결과다. 몰입에 실패한 배우가 등장하는 연극에 관객이 몰입할 수 있을 리 만무하다.

반면, 노는 배우들은 이런 척박한 환경에서도 자신만의 스타일대로 연기할 수 있다. 그것이 가능한 이유는 노는 배우들이 대사를 제멋대로 '애드리브' 할 수 있기 때문이다. 애드리브(ad lib)는 일반적으로 즉흥 연기나 연주를 의미한다. 최근에는 애드리브의 줄임말인 '드립'이라는 비속어가 유행했다. 이 용어는 즉흥의 의미가 '거짓'으로 변질하면서 '농담성 발언'을 조롱 섞어 일컫는 말이 되었다. 실제 애드리브의 어원이 '뜻대로, 자유롭게'라는 뜻을 가진 라틴어 '아드 리비툼'(ad libitum)에서 유래했다는 사실을 아는 사람은 적다. 아드 리비툼은 악보나 대본을 무시하는 것이라기보다 가능한 범위 안에서 자유롭게 해석하는 것

을 의미한다.

극본 해석의 관점에서 본다면 연극에서 애드리브는 선택이 아니라 필수다. 다음 극본을 살펴보자.

샬럿: 일이 잘된 것 같아. 지금으로서는 말이야. 그렇지만 윌버를 살리려면 거미줄에 글자를 더 새겨야 해. 어떤 글자를 새길지 고민인데, 누구 좋은 생각 없어?

새끼 양: '최고의 돼지'는 어때?

샬럿: 별로야. 음식 이름 같아.

거위: 멋진, 멋진, 멋진 돼지 어때?

샬럿: 하나로 줄여서 '멋진 돼지'라고 하면 되겠다. 주커만 씨가 감동받겠지. '멋진'이라는 말 쓸 줄 아는 친구?

수거위: 내 생각에 '미음' 하고 '어', 그리고 '시옷', '시옷', '시옷'. 그다음에 '쌍지읒', '쌍지읒', '쌍지읒' 하고 '이' 쓴 다음에 '니은', '니은', '니은'.

샬럿: 내가 무슨 재봉틀 돌리는 줄 알아?

—2015 개정 국어 6-2 연극 단원 「샬럿의 거미줄」 극본 중에서

이 극본에는 지문이나 해설이 전혀 없다. 등장인물이 어떤 표정과 어떤 몸짓을 해야 하는지는 온전히 배우의 해석에 달려 있다. 이것은 비단 이 극본에만 해당하는 사항이 아니다. 어떤 극본도 연기자의 모든 비언어적, 반언어적 표현을 완벽하게 지시하지는 못한다. 극본은 연극의 방향을 이끌어 가는 중요한 뼈대이지만, 자연스러운 표정과 몸짓으로 예술적인 살을 붙이는 일은 연기자의 몫, 즉 애드리브에 달려 있다. 평범한 학생이라도 사전에 극본을 재해석하는 과정을 충분히 거친다면 누

구나 애드리브를 선보일 수 있다.

애드리브는 연극을 놀이로 만든다. 적절한 애드리브는 '이것은 놀이다!'라는 강력한 신호다. 배우가 대사를 갖고 놀 때, 창조적인 표정과 몸짓으로 연기할 때, 관객 사이에서 열띤 감상이 일어난다. 관객들이 배우의 애드리브에 환호하는 이유는 그것이 놀이 기분(play moods)을 내는 데 기여하기 때문이다. 카유아의 말처럼, 놀이하는 자에게는 반드시 '어느 정도의 자유'가 남아 있어야 한다. 만약 연극에 참여하는 학생이 처음부터 끝까지 억압받는다면, 가장 먼저 잃는 것은 '유쾌한 즐거움'이다.

연극은 서사를 온몸으로 표현하는 예술이다. 대사를 정확하게 말로 표현하는 것만큼이나 실감 나는 표정과 몸짓으로 구현하는 것이 중요하다는 의미다. 극본은 오랫동안 연극 수업에서 신성불가침의 지위를 누려 왔지만, 연극이 놀이가 되는 수업에서는 누구나 가지고 놀 수 있는 놀잇감으로 변모한다. 극본의 예술성이 떨어질 것을 지레 염려할 필요는 없다. 모든 위대한 예술은 놀이에서 시작했다. 학생들의 창조력은 때로 어른의 예상을 훌쩍 뛰어넘는다.

4. 관객의 진화─거드는 구경꾼

교실 연극은 일반 연극과는 구분되는 특성이 있다. 그것은 단순히 교실이라는 공간적 배경의 특수성 때문만이 아니라 연극의 목적이 공연 그 자체에 있지 않고 학습에 있다는 점, 그리고 배우와 관객이 모두 학습자라는 독특한 맥락에서 비롯한다. 연극의 목적 역시 학생을 능숙한 연기자로 훈련하는 것이 아니라, 연극 활동을 통해 학생들이 인지적, 정서적으로 성장할 수 있도록 돕는 데 있다. 따라서 연극 수업의 성패는 얼마나 많은 학습자가 얼마나 적극적이면서 능동적으로 참여했는가에 달려 있다고 해도 과언이 아니다.

이 때문에 교사들은 모든 학생을 배우로 만들어야 한다는 강박에 시달린다. 학생이 연극에 적극적이고 능동적으로 참여하는 방법은 직접 연기자로 참여하는 일뿐이라고 생각하기 때문이다. 이런 교사들은 극본의 길이를 줄여 공연을 반복하거나, 등장인물의 수를 늘리는 등의 전략을 흔히 사용한다. 이러한 전략의 궁극적 목적은 아무 역도 맡지 않고 보고만 있는 학생, 즉 관객을 없애는 것이다.

관객을 없애려는 시도는 연극 수업 속 관객의 역할을 제대로 이해하지 못하면서 발생한다. 관객이 연극에서 배제된, 수동적이고 소극적인 존재라는 생각 때문이다. 일반적인 공연연극에서 조명은 무대만을 비춘다. 관객은 무대와 명확하게 구분된 어두운 객석에 '숨어서' 연극을 지켜보며, 배우들 역시 관객들을 '못 보는 척'한다. 무대 위에서 아이를 잡아먹는 마녀가 설치고 있다 해도 객석에 앉은 아이들은 아무도 도망가지 않는다. 안전한 강 너머에서 불구경하는 셈이다.

연극 수업의 관객은 일반 공연연극의 관객과는 확연하게 다른 존재다. 단순히 구경하는 관객이 아니라 연극을 역동적으로 감상해야 할 의무를 진 학습자이자, 여차하면 직접 연극에 참여해야 하는 배우라는 점에서 그렇다. 따라서 연극 수업에서는 배우와 관객을 명확히 구분할 수가 없다. 학생들은 배우였다가 수시로 관객이 되고, 관객이다가 어느 순간 다시 배우가 된다. 모든 학생이 배우로 등장할 때조차도 대부분의 학생이 연기하는 시간보다 훨씬 긴 시간을 관객으로 보내야 한다.

놀이 정신을 구현한 연극에서는 관객의 위상이 재조정된다. 교실의 관객을 그냥 내버려 두면 십중팔구 무심한 방관자가 되거나 냉담한 평가자가 된다. 아무리 흥미진진한 놀이라도 보고만 있으라고 하면 지루한 것과 같은 이치다. 따라서 연극 수업에서의 관객은 '거드는 구경꾼'이 될 필요가 있다. 이들은 단순히 연극을 적극적으로 감상하는 수준을 넘어 극 안에서 배우와 함께 움직이며, 무대와 객석의 경계를 허무는 역할을 한다.

마당극에서 그 좋은 예를 찾을 수 있다. 마당극은 우리나라의 전통 민속극이 현대적인 연극 형태로 발전한 장르라 할 수 있다. 마당극의 가장 큰 형식적 특성은 배우와 관객이 같은 공간에서 함께 만들어 가는 극이라는 점이다. 마당극에는 무대와 객석의 구분이 없다. 이 때문에 관객은 언제든 마당극의 시공간으로 들어갈 수 있고, 배우는 언제든 관객이 앉아 있는 현실의 시공간으로 나와서 관객에게 말을 걸 수 있다.

마당극에서 관객을 거드는 구경꾼으로 전환하는 핵심 기제는 '초청 표현'에 있다. 대개의 관객은 초깃값이 수동적인 상태로 설정되어 있기 때문에 먼저 자발적으로 움직이지 않는다. 관객이 연극에 끼어들기 위해서는 배우의 정식 초청을 받아야 한다. 마당극에서 배우는 관객을 극 안으로 끌어들이기 위해 말을 걸거나 행동을 지시하는 등 일련의 독특한 초청 표현을 한다. 배우가 관객에게 '내 말을 따라 해 봐.' '~한 사람 손 들어.' '이것 좀 도와줘.' '너는 어떻게 생각해?' 등의 말을 거는 행위가 전형적인 초청 표현의 예다.

초청 표현은 마당극이 아닌 연극에서도 쉽게 활용할 수 있다. 언뜻 보면 초청 표현은 배우가 즉흥적으로 만들어 낸 대사처럼 보인다. 하지만 노는 배우가 아닌 평범한 학생이라도 누구나 초청 표현을 사용할 수 있다. 극본 만들기 단계에서 초청 표현을 계획할 수 있기 때문이다. 사전에 극본 수정 작업을 한다면 간단히 초청 표현을 고안해 낼 수 있다. 다음 극본으로 연극을 한다고 가정해 보자.

> 호랑이: 하하, 궤짝 속에서 한 약속을 궤짝 밖에 나와서도 지키라는 법이 어디 있어?
>
> 나그네: 조금 전에 은혜를 모를 리가 있겠느냐고 하면서 애걸복걸하지 않았소?
>
> 호랑이: 은혜를 모르기는 사람이 더하지. 그러니까 사람은 보는 대로 잡아먹어도 괜찮아.
>
> 나그네: 아니, 그런 법이 어디 있소? 우리 누가 옳은지 한번 물어보세.
>
> — 2015 개정 국어 3-2 「토끼의 재판」 극본 중에서

 소청 표현을 삽입하기 위해서는 먼저 관객이 끼어들 사리를 찾아야 한다. 위의 극본에서는 호랑이와 나그네의 의견이 갈리고 있기 때문에 비교적 쉽게 틈을 비집고 들어갈 수 있다. 예를 들면 이런 식이다.

> 나그네: 조금 전에 은혜를 모를 리가 있겠느냐고 하면서 애걸복걸하지 않았소?
>
> (관객을 향해, "다들 들으셨지요?")
>
> (관객들, "네!" "못 들었어요." "_____" 등 자유롭게 대답한다.)
>
> 호랑이: 은혜를 모르기는 사람이 더하지. 그러니까 사람은 보는 대로 잡아먹어도 괜찮아.
>
> (못 들었다는 관객을 향해, "너는 빼고.")

 여기서 관객의 대답은 빈칸이다. 그러므로 이 극본은 거드는 구경꾼의 몫에 따라 완성된다. 구경꾼이 엉뚱한 대답으로 이탈할 경우, 배우가

당황하여 연극을 망쳐 버리는 상황을 미리 걱정할 필요는 없다. 거드는 구경꾼이 있는 연극에서는 애초부터 모든 상황을 배우가 통제하지 않는다. 재치 있게 상황을 반전시키는 구경꾼부터, 연극을 극본대로 이끄는 바른 생활 구경꾼, 연극이 파탄 나지 않도록 막아 주는 최후의 보루인 교사까지, 이 연극에는 거드는 사람이 많다. 거드는 구경꾼이 더 많이, 더 자주 거들수록 연극의 놀이성은 강화된다.

그간 공연극 형태를 지향했던 연극에서는 배우와 관객의 구분이 확연했다. 연극이 진행되는 동안 침묵으로 이 신성한 공연을 지켜보는 것이 관객의 유일한 미덕이었다. 놀이 정신을 추구하는 연극에서는 관객이 공연을 보는 것만으로 만족하지 않는다. 이들은 극의 서사 안으로 침투하여 움직이며, 배우와도 쌍방향으로 소통한다. 배우와 관객이 함께 완성해 가는 연극은 앞으로의 연극 수업에 중요한 시사점을 제공한다.

5. 마무리—교사의 역할

초등 국어과의 연극 단원 도입은 최초의 충격이 가시면서 그런대로 환영을 받는 분위기다. 학생, 교사, 학부모 등의 교육 공동체는 각자의 위치에서 새로운 기대감으로 연극 단원을 맞이하고 있다. 고사해 가고 있던 전문 어린이 극단이 재결성되고, 출판계에서 어린이 극본집 발간이 활기를 띠고 있다는 소식도 반갑다.

물론 해결해야 할 문제들은 남아 있다. 특히, 학생과 함께 연극 단원의 중요한 주체라고 할 수 있는 교사의 역량과 역할이 중요하게 부각된다. 연극 수업에 있어 교사의 역할에 대한 흔한 오해는 교사가 학생들에게 '연기'를 가르쳐야 한다는 것이다. 배우의 경험이 전무한 입장에서 교사가 연기를 가르치는 상황은 그 자체로 희극이다. 이러한 교사의 오해에 대하여 즉흥극 연구자인 키스 존스톤(Keith Johnstone)은 '교사는 아이들에게 시범을 보여 주어서는 안 되며, 이것은 옳다 저것은 나쁘다 등의 가치 판단을 강요해서도 안 된다.'라고 충고한다. 교육연극에서 교사의 시범은 어린이의 창조성을 억압하는 역효과를 불러올 수 있기 때문이다.

연극 수업에서 교사는 오히려 공연 기획자에 가깝다. 놀이꾼 아이들은 이미 타고난 배우다. 그러니 아이들에게 연기를 가르쳐야 한다는 부담은 덜어 내도 좋겠다. 교사는 단지 연극 놀이를 위한 제대로 된 멍석을 까는 일만 하면 된다. 연극 단원의 취지를 잘 이해하고 교수하는 차원에서 벗어나, 학생이 한바탕 놀 수 있는, 살아 있는 연극 수업을 이끌어야 한다.

아이들의 세계에서 연극은 놀이가 되고, 놀이는 다시 연극이 된다. 연극을 가르치는 목적이 즐거움의 체험에 있다면 연극 수업은 반드시 놀이와 통해야 한다. 놀이가 된 연극에서는 배우보다 관객의 목소리가 크기도 하고, 본래 극본을 벗어나 내용이 점점 산으로 가기도 하며, 근엄한 분위기의 교실이 갑자기 웃음소리로 뒤덮이기도 한다. 그래서 문제인가? 그럴 리가. 초등 연극 수업의 목적지가 '즐거움 체험'이라는 사실을 잊어서는 안 된다. 교실에 폭소와 떠들썩함이 가득하다면 연극은 대성황 중이다.

교실 내 연극의 일상성

당황하지 말아요, 우리

"연극 단원이 들어온다고?"

"뭐지? 연극은 원래 있었는데?"

"아, 연극 진짜 민망하고 싫은데."

"난 연극 못하는데?"

2018년 봄, 다음 해 교과서에 연극 단원이 도입된다는 소식에 대부분의 교사들은 이렇게 반응했다. 2019학년도에 전면 실시하는 새 교육과정에 따라 5학년 2학기부터 6학년 2학기까지 세 학기 동안 연극 단원이 국어과의 특화 단원에 들어오자 교사들은 불안해했다. 그러나 불안감은 이내 다양한 대안을 찾는 노력으로 이어졌다. 수업을 어떻게 준비하면 되는지 배우기도 하고, 마을 강사나 예술가 교사를 섭외하기 위해 예

■ 오은정 초등학교 교사, 교육연극 연구자.

산을 마련하기도 했다. 국어 교과서의 다른 단원은 제목 옆에 숫자로 차수를 표시했지만, 연극 단원에는 단원 차수가 기재되어 있지 않다. 이를 두고 몇몇 교사들은 교실 상황에 따라 연극 수업을 하지 않을 수도 있다고 판단하기도 한다. 그런데 눈여겨볼 만한 점은 연극 단원과 마찬가지로 독서 단원에도 차수가 기재되어 있지 않은데, 이에 대해서는 선택 사항이라고 생각하는 교사가 별로 없다는 것이다. 연극은 독서와는 비교가 안 되게 '딴 나라' 영역이었던 셈이다. 그런데 과연 그럴까? 연극은 어쩌면 아주 가까운 곳에서 우리의 도외시를 견디고 있는 건 아닐까?

6학년 1학기 연극 단원을 살펴보자. '우리들의 이야기를 낭독극으로 표현해 보자.'가 간추린 목표라고 할 수 있다. 이때 실제 목표는 '우리들의 이야기'에 초점이 맞춰진다. '낭독극'이라는 용어는 '연극'이라고 하면 대부분 연기나 공연의 개념을 떠올리면서 부담을 느낄까 봐 좀 더 편안히 다가가기 위해 사용한 것으로 보인다. 생각해 보자. 지금의 교사들이 어렸을 때만 해도 저녁 시간이나 주말을 가족과 보내는 경우가 많았고, 동네 공터나 야산 곳곳이 놀이터였으며, 다른 사람과 손편지를 주고받거나 직접 만나 이야기를 나누는 일이 많았다. 다양한 사람들과 만나면서 자연스럽게 '자기표현의 기회'를 얻을 수 있었던 셈이다. 하지만 지금 우리 아이들에게는 그 기회가 얼마나 있을까. 연극은 어쩌면 자신의 몸과 머리, 그리고 마음을 온전히 집중할 때에 가능한 '표현'의 기회를 주기 위해 교실로 왔는지 모른다. 그런 관점에서 연극 단원을 당황스러워하거나 안 해도 된다고 생각하는 선생님들에게 하루에도 몇 번씩 연극 단원을 제대로 설계하고 운영해 보자고 이야기를 건넨다. 그리고 독자에게 또 감히 이야기한다. 속는 셈 치고 도모해 본 교사들은 하나같이 열띤 목소리로 이렇게 피드백을 주었다.

"생각보다 아이들이 너무 좋아해요."

"학생들 마음속에 있는 자의식, 상처, 그늘이 자연스럽게 드러나요."

"아이들에 대해서 제대로 알게 된 기회였어요."

"깜짝 놀랐어요. 구구단도 못 외우는 느린 학생이 뚝 부러지게 노인 역할을 하더라고요."

자신의 이야기를 남들에게 보여 주기 위한 메시지로 치환하는 과정에서 아이들은 자기 삶의 화자(teller)가 되고, 객관적 관찰자가 될 수 있다. 솔직하게 자기표현을 하는 사람을 보면 관객들도 따뜻한 시선을 보내기 마련이다. 남의 이야기가 아니라 자신의 이야기를 진솔하게 나누는 사람들 사이에는 특유의 훈훈한 내음이 난다. '실감 나게 낭독'하는 기술은 없어도 된다. 아이들이 일상생활에서 무언가에 주의를 기울이고 호기심을 느끼며 궁리할 수 있도록 안전하게 연극 무대를 빌려 보자. 자신의 이야기가 창조의 바탕이 되는 경험을 한 사람이 세상을 고립된 채 살지는 않을 터. 오로지 자신의 말과 몸을 이용하여 그 작업을 해내도록 연극이 조용히 교실로 왔다.

보이지 않는 마음을 몸으로 드러내다

우리는 보통 공부는 머리로 하는 것이고, 읽고 쓰기 위하여 기껏해야 눈과 손 정도만 동원하면 된다고 생각한다. 즉 공부를 통해 뇌에 지식을 많이 쌓을수록 성장한다고 생각한다. 하지만 뇌의 성장이 신경 다발의 복잡화, 정교화에 기인한다는 것은 뇌과학 연구에서 이미 알려진 사실이다.

예전에는 이러한 공부의 순리가 바깥 놀이와 대가족의 삶의 관습에서 자연스럽게 형성되었다. 땀을 뻘뻘 흘리면서 썰매를 타고, 손이 부르

트도록 공깃돌을 찾아 모으는 등 이른바 '무형식' 교육이라고 일컬어지는 바깥 놀이 활동은 근육 운동을 동반할 뿐만 아니라 인간 사회의 질서도 배우게 한다. 이를테면 순서를 기다리는 것, 이기거나 져도 오래 마음에 두지 않는 것, 자신의 단점을 받아들이는 태도 등이다. 그러나 요즘 아이들의 상황은 다르다. 어쩌면 아이들은 일상생활 속에서 자연스럽게 배울 수 있는 것을 잃어버린 채 학교라는 공간으로 들어와 어른들이 정해 놓은 질서를 체화하게 되는지도 모른다.

그래서 우리는 '몸'의 표현에 기대어 풍부한 사유를 가능하게 하는 연극의 신체성, '물질성'에 주목하게 된다. 누구에게나 익숙한 '치기 장난'(tag play)인 얼음땡 놀이는 기초적이지만 중요한 연극적 원리를 품고 있다. '얼음'과 '땡'이라는 간단한 주문으로 우리는 얼음인 처 '연기한다'. 얼음을 연기하는 동안 꼼짝 않고 가만히 있어야 한다는 임무를 수행하기 위해서 온 감각과 근육을 동원하여 몸의 움직임을 '통제한다'. 그래서 저학년 어린이의 치기 장난은 신체 능력을 기르는 데 매우 중요하다. '즐겁게 춤을 추다가 그대로 멈춰라' 놀이 역시 음률이 있는 주문이 아이들의 신경을 자극하면서 신체를 조절할 수 있는 능력을 길러 준다.

'슈퍼마켓'이라는 '창의적 연극 놀이'(creative play)는 원형으로 둘러 앉은 참여 학생들이 가운데 책상에 보자기 한 장만 걸쳐 놓은 채, 교사의 안내에 따라 마임(mime)으로 물건을 가져오는 놀이다. 보자기 위를 '편의점'이라고 명명하면, 각자의 욕구에 따라 음료수, 컵라면, 초콜릿 등을 가져올 수 있다. 보자기 위를 '동굴'이라고 하면 탐구를 좋아하는 학생은 흙이나 박쥐 등을 데려오고 부자가 되고 싶은 학생은 보석이나 알라딘의 램프를 가져온다. 특정된 공간에서 가상으로 어떤 것을 가져오면 되는 이 간단한 놀이는 활동하는 동안 우열의 차이가 전혀 생기지 않는다. 따라서 아이들은 상상의 축제를 마음껏 즐기면 된다. 이 놀이는 다른 교과 수업과도 연계할 수 있다. 이를테면 해방 직후 한국사에 대해 수업한 후, 그 보자기를 '1945년 8월 15일 광화문'으로 명명한다. 편의점과 동굴에서 무엇인가를 가져온 적이 있는 학생은 이 임무에서 특별히 어려움을 느끼지 않는다. 아이들은 친구들의 말에 귀를 기울이면서 자신이 기억하지 못하는 정보를 생각해 내며 극적 상황에 몰입한다.

연극의 원형이라고 할 수 있는 이 '상상과 변형'은 자발적으로 왕성하게 놀면서 형성된 뇌의 발달이 전제되어야 수행할 수 있다. 수도권에 사는 학생이 자신의 생활 반경을 훌쩍 넘어서는 '경상북도'에 대해 배운 후에 경상북도에 대한 논술 수행 평가를 본다고 하자. 경상북도라는 키워드만을 제시하고 모둠별로 '정지 장면'(still cut)을 만들도록 할 수도 있다. 어떤 모둠은 사과와 고추를 먹는 척하면서 달콤하고 매콤한 맛을 느끼는 표정을 과장되게 지을 수도 있고, 또 어떤 모둠은 과거를 보러 가는 선비들과 호랑이의 조우를 그리는 긴장된 장면을 연출할 수도 있다. 그 장면을 만들기 위해 모둠별로 이야기를 나누고 어떤 장면이 '물질 신체'에 기대어 감각적으로 형상화되고 나면 경상북도는 이미지 경로를 통해 뇌에 저장된다.

연극놀이 공동체 '해마루'는 놀이 형태의 연극이 인간 발달에 도움을 주는 활동이라는 점에 주목하고, '몸은 자신을 담는 그릇이고, 자신의 존재를 표현하는 실재'라고 정의 내린 바 있다. 연극은 온몸을 조절하고 통제해서 무언가를 표현하는 과정, 또 그 표현의 이면을 궁리하는 과정을 자연스럽고 필연적으로 수행하게 한다. 이런 과정이야말로 우리 교실을 참배움의 장으로 만들게 하는 필수적인 교육이라 할 수 있다.

'나'의 이야기가 우리의 이야기가 되는 맛

창조는 비단 발명가나 예술가만이 하는 것이 아니다. 이야기가 있는 사람이라면 누구에게나 그것을 펼칠 기회가 마련되어야 한다. 그것은 꼭 깜짝 놀랄 만한 일이 아니어도 된다. 자기 마음의 우물에 고여 있던 이야기들이 바깥으로 표출되는 과정에서 어떤 일이 벌어지고 있는지 총체적으로 파악하는 것이 중요하다. SBS「바람의 학교」라는 교양 프로그램에서 여러 이유로 학교생활을 힘들어하는 아이들을 대상으로 연극 프로그램을 진행하는 과정을 방영한 적이 있다. 학교에서 튕겨 나와 심드렁하고 무기력한 태도로 일관하던 아이들이 연극 공연을 해내고 나서 눈빛을 반짝이던 장면을 잊을 수가 없다. 자기 이야기에서조차 소외되어 있던 아이들이 드디어 자기 몫의 역할을 하고, 자기 마음을 이야기로 승화하는 모습은 시청자의 가슴을 뜨겁게 달구었다.

서울의 한 지역에서 몇몇 교사들과 '연극 만들기'를 주제로 교원 학습 공동체를 구성하여 활동한 적이 있다. 1년 동안 연극을 보러 다니고 공부도 하면서 연극 예술에 대한 심리적인 문턱을 없애고, 무엇보다 1년의 성과로 연극을 창작하여 공연하는 과정을 '직접' 경험해 보고자 했다. 2018년 「숨은그림찾기」라는 제목의 교사 창작극은 그렇게 세상에 나왔고, 2019년에는 「이번 정차할 역은 노량진입니다」라는 창작극을 만들었다. 「숨은그림찾기」 공연을 관람한 동료 교사들의 열정적인 호응과 찬사도 쏟아졌다.

"저 신규 교사는 딱, 제 처지네요. 그런데 전 어쩌죠? 전 어디 가서 호소할 데가 없어요."

"명예로운 퇴직이 점점 불투명해지고 있는 현실을 잘 짚어 줘서 속이 뻥 뚫리네요."

"힘내자고요, 김 선생님(극 중 민폐 캐릭터)이 사실 우리 모습이기도 한데, 어쨌든 고민하고 있다는 게 중요하잖아요."

공연을 마치고 배우와 관객이 함께 토론하는 과정도 의미 있었다. 그런데 무엇보다도 연극을 창작하고 배우로 열연한 극단 교사들이 느끼는 감흥이 생각보다 컸다. 창작극은 공연을 성사하려면 주체의 서사에 바탕을 둔 창작 과정이 필수적이다. 그럴듯해 보이지만 자기와 직접 관련이 없는 이야기라면 대사 한 마디를 외우는 것도 벅찼을 터이다. 극단 교사들은 이야기 씨앗을 정하면서 서로의 경험을 토로하고, 그것을 대사와 지문, 연기 등으로 표현했다. 그 과정을 거친 교사들은 다음과 같은 깨달음을 얻었다.

인간은 성취 경험을 통해 성장한다. 연극의 창작과 공연을 수행한 교사들은 자신의 교실에서 이렇게 '기막힌 희열'을 아이들과 구현해 보고자 하였다. A 교사는 『배낭을 멘 노인』(박현경 외, 대교북스주니어 2019)이라는 그림책을 바탕으로 재구성 드라마를 만들어 학교 예술제에서 선보이기로 하고, 아이들과 함께 대본을 만들고 동선 스케치 작업을 했다. 원작에서는 노인의 배낭 속에 수십 개의 돌덩이가 들어 있지만, 4학년 아이들이 아이디어를 쏟아 낸 덕분에 배낭 속에는 가족사진, 평생 쓴 일기, 먼저 죽은 부인이 아끼던 옷 등이 담기게 되었다.

그전까지 A 교사는 아이들이 자신의 말을 잘 알아듣지 못한다고 생각하고 '나는 초등 교사에 적합하지 않은가?'라는 자괴감 섞인 질문을 하루에도 몇 번씩 했다고 한다. 하지만 연극 활동을 통해 아이들의 열정을 느끼고 그들이 진짜 원하는 것이 무엇인지를 알게 된 A 교사는 대본이 처음 나온 날 하염없이 눈물이 났다고 고백했다. 고매한 철학자들의 저서보다 왜 이 대본이 자신을 더욱 성찰하게 하는지 생각하며 한없이 경이로웠다고 말했다. 그리고 완성된 이야기를 선보이는 자리에서 아이들이 얼마나 의젓했는지, 평소 ADHD(주의력 결핍 및 과잉 행동 장애) 징후로 수업을 방해하던 녀석까지도 친구들과 연기 호흡을 맞추기 위해 연극에 집중하더라는 후일담까지 털어놓으며 그는 긴 시간 이야기를 멈추지 않았다.

B 교사는 극본 쓰기에 재능과 자신감이 있는 사람이다. 그는 스스로 창작한 극본으로 학생들에게 수준급의 연기를 하게 만들어서 연극적 성취를 경험하는 사람이었다. 그런데 교사 창작극을 경험하고 난 뒤 그는 아이들에게 극본을 직접 창작하게 했다. 대사의 수준이나 길이가 전보다 못한 것은 당연한 것이었지만 그는 다른 방향으로 시야가 트였다고 했다.

"애들이 말 잘 듣는 로봇인 것보다는 자기 이야기를 하는 '사람'인 게 보기 좋네요."

아리스토텔레스는 『시학(詩學)』에서 표현 예술의 최고 형태를 연극, 특히 비극으로 보았고, 중세 유럽 교회에서 득세했던 교회극(성극)은 선교를 목적으로 하였기에 윤리적 성격과 형식주의가 강조되었다. 연극이 우리에게 다가올 때 어려운 점은 연극이 이렇게 학문이나 계몽주의적 뿌리를 가지고 있다고 여기기 때문일 수도 있다. 그러나 사실 연극은 인간이 저 먼 선사 시대 때부터 자연의 위압 속에서 생존하기 위해 터득한 '일상의 기술'이라는 것이 정설이다. 얼어 죽거나 굶주리지 않기 위해, 산짐승과 독초에 희생당하지 않기 위해 사람들은 지혜를 모았다. 문자가 없었으니 그 지혜를 노래로 전하면서 선조들의 집단의식은 삶을 조금씩 더 안전하게 만들었고, 점차 이 원시 종합 예술을 흥겨운 잔치처럼 즐겼다. 이것이 바로 진짜 연극의 뿌리이다. 이러한 연극의 뿌리를 알게 되면 요즘 연극이 다양한 영역으로 뻗어 나가는 것을 자연스레 이해할 수 있다. 혼자서 아이를 키우는 '싱글 맘' 지원 조례를 제정하기 위한 '토론 연극'이 있는가 하면, 개인의 심리적 갈등을 표면화하여 내면을 정화하는 데 목적을 두는 '플레이백 시어터'(playback theatre)도 있다. 사이코드라마(psychodrama)나 연극 치료는 더 이상 낯선 영역이 아니다. 교실에서 실행하는 '교육연극'(educational drama)도 학생들이 삶의 드라마를 온 감각으로 느끼고 표현하도록 우리 교실에 온 셈이다. 도덕 과목 수업에서 '배려'라는 미덕을 배울 때 '우리 반에서 배려가 필요한 순간'이란 제목으로 정지 장면 만들기 활동을 해 보면, 학생들은 황희 정승의 이야기를 떠올리는 것이 아니라 일상생활 속에서 배려가 필요한 사람은 누구인지, 배려를 잘하는 사람은 어떤 사람인지를 궁리한다. 그런 과정을 거치고 나면, 서로의 외모를 놀리면서 시시덕거리던 아이들이 고개를 갸웃거리며 이렇게 말한다.

"상대방에게 관심을 가지고 어떻게 하면 좋을지 고민을 많이 해야 배려가 이뤄져요."

연극에는 이렇게 '미덕'이 살아 숨 쉰다.

성장 워크북으로서의 연극

연극이 교육적으로 조명받는 이유는 인생이 연극적 본질을 가지고 있다는 것, 곧 '삶의 연극성' 때문이다. "오늘 아침 우리 가족의 모습을 정지 장면으로 나타내 볼까요?" 하고 이야기를 꺼내면 아이들은 가감 없이 집 안 풍경을 표현한다. 그 속에서 교사는 따뜻한 화목감 혹은 살벌한 고독감을 쉽게 읽어 낼 수 있다. 삶은 연극적으로 구성되고, 연극은 삶을 응축하여 보여 준다.

교육연극 수업에서 간단한 몸풀기 활동으로 '걷기'를 하다가 이끔이가 "숲속!" 하고 외치면 숲의 무엇인가가 되어 즉흥적으로 연기하면서 정지 장면을 만드는 수업을 한 적이 있다. 다람쥐를 선택한 아이가 평화롭게 도토리를 먹다가, 마침 옆에 있던 무시무시한 호랑이가 먹잇감을 찾고 있다는 사실을 알게 된다. 이때 이끔이가 "어머나, 바로 옆에 호랑이가 있었네요. 조심해요, 다람쥐!" 하고 말하자 아이들은 즐거워하며 웃음을 터뜨렸다. 다람쥐 역할을 한 학생은 성찰 노트에서 이 장면을 다음과 같이 해석하였다.

"민수(가명)가 배고픈 호랑이인 걸 안 순간, 나는 눈앞이 진심으로 캄캄해졌다. 그러면서 왜인지 엄마가 떠올랐다. 민수의 모습은 내가 게임을 하고 있을 때 엄마가 화난 표정으로 옆에 서 있던 모습과 진짜 똑같았다."

삶이 연극으로 환원되고 상징될 수 있는 이유는 연극이 '관계의 예술'이기 때문이다. 1인극(monologue)이라고 할지라도, 연극의 서사는 등장인물 간의 관계 속에서 탄생하고 전개된다. 갈등 관계인 인물들의 경쟁 구도는 물론이고 주인공을 돕는 입장과 주인공을 힘들게 하는 요소 등 여러 가지 인적 장치가 배치된다. 연극에서는 인물들이 특정 범주의 관계망에 제한된 상태에서 서사가 펼쳐지지만, 현실의 서사는 사생활과 공적인 생활, 수평적 네트워크와 수직적 구조 등 복잡다단한 사회망이 다중적으로 얽힌 채로 전개된다. 따라서 매우 방대한 무대인 우리 인생을 장면으로 구획하여 사고할 필요가 생긴다. 장면마다 독립적인 관계도를 그리고, 상황별로 어떤 캐릭터를 만들어 낼지 고민하며 삶을 통찰할 수 있게 되는 것이다.

나아가 일상을 연극적 관점에서 정의 내리고 기획한다면 실수를 실패로 명명하는 혹독함이 아니라 연습으로 여기는 관대함과 유연함을 가질 수 있다. 나는 감히 교실로 찾아온 연극 단원이 우리 아이들을 그런 사람으로 성장하게 할 수 있다고 믿는다. 연극을 통해 아이들은 서로를 환대하는 사람으로 자랄 것이고, 사회를 좀 더 살 만한 곳으로 만들어 나갈 것이다.

연극을 가르치는 예술가로 나아가기

1. 연극을 가르치는 행위는 무엇인가?

— 무대에 서서 연기해 본 경험이 있는가?

— 무대 제작에 참여한 적이 있는가?

— 학생들과 장면 만들기를 완성한 경험이 있는가?

— 학생들을 무대에 세우는 공연 발표를 통솔해 본 적이 있는가?

— 학교로 찾아오는 예술 강사와 협업한 적이 있는가?

— 연극 놀이 관련 연수에 참여한 경험이 있는가?

— 연극 교육 관련 자료를 찾아 보고 공부 모임을 진행한 적이 있는가?

— 연극 놀이 프로그램을 직접 기획해서 진행하고 있는가?

▋ **최지영** 예술로 커뮤니티씨어터 협동조합 이사장, 한국교육연극학회 부회장. 『드라마 스페셜리스
▋ 트가 되자』 『과정중심연극으로서의 교실연극』을 냈다.

연극을 가르친다는 행위에는 위의 내용들이 모두 포함되어야 할 것이다. 왜 그런가? 본질상, 연극 예술은 경험하는 행위, 곧 보는 행위와 직접 하는 행위를 모두 포함한다. 연극을 가르친다는 행위 역시, 연극에 대한 경험을 공유하고 끌어내는 것이 아닐까 싶다.

교사 연수를 진행하다 보면 교육연극이 연극과 다르다고 생각하고, 교육연극에 정해진 도식이나 방법론이 있다고 생각하는 교사들을 만나곤 한다. 그들은 보통 다음과 같은 질문이나 요구를 한다.

—아이들과 연극을 만들려고 하는데 연극 대본을 받을 수 있을까요?
—연극에 참여하지 않으려는 아이들에게 적용할 수 있는 특화된 방법이 있을까요?
—소품은 어디에서 구할 수 있나요? 소품을 활용할 수 있는 연극 놀이 방법이 정리되어 있나요?
—오늘 사용한 음악의 음원을 보내 주면 안 될까요?
—오늘 진행한 프로그램 내용을 따로 받아 볼 수 있을까요?

강사가 기획하고 설계한 연극 프로그램을 당연하다는 듯 달라고 요청하는 교사들을 만나면 당혹스럽기까지 하다. 연극 프로그램은 복사해서 찍어 낼 수 있는 참고 자료가 아니다. 연극은 다양한 감각이 삼차원에서 만나는 통합 예술이며, 미술, 음악, 신체, 언어 등의 다양한 장르가 복합된 융합 예술이다. 따라서 몇 번의 연수와 프로그램만으로 연극을 잘 가르치기란 결코 쉽지 않다.

우선 이론적으로 정리해 보자면, 연극을 가르치기 위해서는 말, 움직임, 무대, 소리, 공간, 매체, 이미지, 빛 등의 '연극 언어'를 분명히 인지하고 그에 대한 예술 체험을 끌어낼 수 있어야 한다. 일반적으로 연출자, 연기자, 무대 전문가, 극작가 같은 연극 전문인을 양성하려면 전문성을 끌어내기 위한 체험과 훈련이 필요한 것과 마찬가지다. 또한, 참여자에게 연극 예술을 통해 얻을 수 있는 다양한 역량, 이를테면 언어 능력, 사회성, 협동 능력, 문제 해결력, 표현력, 잠재성, 미적 감각 등을 탐색하게 하고, 맞닥뜨리게 함으로써 그들의 성장을 끌어내야 한다.

창의적인 교사이자 예술 교육가인 에릭 부스(Eric Booth)는 예술 교육의 전문가인 예술가 교사(teaching artist)를 "예술의 기량을 가르치는 일을 넘어, 타인을 예술적으로 교육하는 일을 경력의 일부로 적극적으로 선택하는 예술가"라고 정의한다. 그러면서 가르치는 사람의 정체성, 곧 됨됨이가 가르치는 행위의 80퍼센트를 차지해야 하며, 가르치는 행위 자체가 예술직이어야 한다고 조언한다.[1]

필자는 이 정의에 전적으로 공감한다. 연극을 가르친다는 행위, 즉 연극을 경험하도록 이끄는 행위는 단편적인 기술들을 전수하는 행위를 넘어선다. 의외로 교육연극 이끔이로 입문하는 일은 생각보다 어렵지 않다. 교사와 학생들이 같은 공간에 있으면 된다. 인간의 몸, 감각, 말, 움직임 등이 기본적으로 활용되기 때문에, 특별한 매체 없이도 가능하다. 오히려 전문성을 습득하는 것은 이끔이가 된 이후부터 본격적으로 시작된다고 할 수 있다.

지금 이 책을 읽고 있는 독자들은 다양한 이유로 '연극을 가르치는 행위'에 관심이 생겼을 것이다. 새 교육과정에 연극 단원이 포함되면서

---

1) 『음악을 가르치는 예술가』(에릭 부스 글, 오수원 옮김, 열린책들 2017)에서 옮긴이는 'teaching artist'를 '교육 참여 예술가'로 번역했으나, 현재 우리나라의 교육 현장에서는 '예술가 교사'라는 이름으로 자리 잡고 있어 이 글에서도 '예술가 교사'라고 썼다.

관심을 두기 시작했을 수도 있고, 평소 연극을 좋아했다면 이참에 연극 수업을 본격적으로 해 보려고 마음먹었을 수도 있다. 연극 관련 공부 모임에 참여하고 있거나, 혹은 이미 연극 수업을 이끈 경험이 풍부할 수도 있다. 어떤 이유로 연극을 가르치게 되었건 간에 자신의 정체성, 됨됨이와 같이 한 발 한 발 나아가야 하는 여정이 시작되었음을 의미한다. 첫 시작은 효율적인 접근으로 촉발되었을 수 있지만, 지속해서 진지하게 관심을 둔다면, 연극을 가르치기 시작한 교사들의 질문이 다음과 같이 변화하지 않을까?

— 아이들의 몰입을 끌어내기 위해서는 어떠한 노력을 기울여야 할까요?
— 연극을 이루는 요소들에 관한 연구가 왜 필요할까요?
— 즉흥으로 장면을 만들어 가는 과정이 왜 중요할까요?
— 다른 분야의 전문가들과 협업하는 데 필요한 자질은 무엇일까요?
— 실제 현장에서 활동하는 예술가 교사들은 어떻게 만날 수 있을까요?
— 학교를 더 창의적인 공간으로 만들기 위해 어떻게 해야 할까요?

연극은 분명, 모든 인간이 사용하는 감각과 언어, 움직임을 다루는 예술이기 때문에 누구든지 지도할 수 있다. 그렇다면 '어떻게' 지도해야 할까? 다음 장에서 학생들과 함께 연극을 경험해 나가는 여정에 들어선 교사들을 위해 더욱 구체적인 지침을 소개하고자 한다.

2. 연극을 가르치는 교사를 위한 세 가지 지침

• 먼저 연극을 경험하고 재미를 느껴야 한다

앞서 강조했듯 연극을 가르치는 행위는 방법을 알려 주는 것이 아니라 경험을 이끄는 것이다. 따라서 방법론을 익히는 연수보다 교사가 직접 연극에 몰입해서 재미를 느껴 보는 경험이 우선이다. 실제로 그러한 경험 중심의 연수를 통해 연극의 매력을 발견한 교사들이 많다. 그들은 공연 속 배우의 연기에 감탄하거나, 직접 연기하며 다른 연기자와 합을 맞춰 보거나, 다른 교사들이 진행하는 교육연극 수업을 보며 연극에 더욱 관심을 두게 된다.

연극의 재미를 몸소 느낀 교사는 그렇지 않은 교사와 이미 몰입감에서부터 차이가 난다. 말과 몸짓으로 자신을 표현하고, 그 표현을 공유하면서 느끼는 쾌감, 다른 사람들과 협동하여 장면을 만들었을 때의 성취감, 소품이나 음악 등을 장면에 적절히 배치하는 즐거움, 다른 사람이 꾸민 장면에 대해 솔직하게 논평해 보기 등을 직접 경험하는 것이 곧, 훌륭한 연극 교사로 나아가는 길이라 생각한다.

예전에 연극 수업 경험이 많은 한 교사의 수업을 참관한 적이 있다. 그는 거의 발에 닿을 듯이 긴 치마 정장을 입고 수업이 진행되는 내내 의자에서 단 한 번도 일어나지 않았다. 수려한 목소리로 사계절의 변화를 내레이션처럼 읊조리면서 중간중간 호루라기를 불면, 학생들은 일사불란하게 움직이며 봄의 새싹, 여름 나무의 풍성한 잎, 가을의 단풍잎, 겨울바람을 표현해 냈다. 그들의 표현력은 초등학생이라고 믿기 어려울 정도로 훌륭했다. 그러나 분명 그 수업은 학생들의 자발성은 거의 찾아볼 수 없는, 철저히 교사 중심의 수업이었다. '교사가 한 번이라도 연극을 직접 경험해 본 적이 있을까.'라는 의문이 들었다.

연극 수업 결과에 압박을 느끼는 교사들은 효율성의 유혹에 넘어가기 쉽다. 그러나 학생들에게 연극을 체험할 수 있도록 이끌어야 하는 교사라면 교사가 최대한 덜 움직여도 되는 '효율'적 수업을 강구하기보다는 스스로 연극을 체험하고, 그 안에서 재미와 흥미, 나아가 다양한 가능성을 발견해야 한다. 한 편의 연극을 만들어 가는 과정에서 많은 변수를 맞닥뜨리며 수업의 이끔이로서 어떠한 자세와 관점을 가져야 하는지 터득할 수 있기 때문이다.

무대에서 난처한 상황에 놓인 경험이나 억압적인 환경에서 장면을 만든 경험 역시, 연기자로서 무대에 설 때는 트라우마로 작용할 수 있지만, 연극을 가르칠 때는 학생들과 공감하는 데 도움이 된다. 이러한 경험 속에서 교사는 연극의 세계를 조금씩 이해하게 되고, 이해한 연극의 세계를 학생들과 공유해 나갈 수 있을 것이다.

아직 연극의 매력을 느끼지 못했다면, 적극적으로 공연을 보거나 공부 모임을 찾거나 연수를 찾아보기를 추천한다. 교사 스스로 연극의 재미를 느낄 수 있는 환경을 조성하는 것이 좋은 연극 수업을 이끄는 첫걸음이다.

• 자신이 아는 정보와 경험만으로 연극의 세계를 규정지어서는 안 된다

'연극' 하면 무엇이 떠오르는가? 무대? 대사? 배우? 혹은 연극 놀이?

연기를 기반으로 하는 예술 강사는 주로 연기 지도 방식을, 연출을 기반으로 하는 분들은 연기 지도보다는 작품 구상을 중시하는 경향이 있다. 필자는 다년간 연극 수업을 관찰할 기회가 있었는데,[2] 실제로 수업

---

2) 필자는 2007년부터 2019년까지 서울문화재단, 한국문화예술교육진흥원 등에서 진행하는 다양한 문화 예술 교육 사업(예술 강사 파견 사업, 토요 문화 사업, 지역 특성화 사업, 시민 문화 예술 사업, 예술 꽃 사업 등)에서 모니터링 및 컨설팅, 평가 위원을 역임했다.

의 내용은 예술 강사의 경험을 그대로 반영하고 있었다. 가르치는 사람의 정체성이 가르치는 행위의 80퍼센트를 차지한다는 에릭 부스의 말이 다시금 실감 나는 순간이었다.

연극을 직업으로 삼겠다고 마음을 먹기 전까지 필자에게 연극은 일상의 즐거움에 더 가까웠다. 대학생 때, 교회학교 교사를 하며 여름, 겨울 성경학교 프로그램을 만들고, 율동과 이야기를 섞은 뮤지컬 형식의 예술제를 만들었다. 그 모든 것이 내게는 어려운 수행 과제라기보다는 즐거운 행위에 더 가까웠다. 그러다가 정작 연극을 하겠다고 마음먹고, 극단에 들어가고, 대학원에 다니면서 오히려 즐거움이 사라지기 시작했다. 극단과 대학원에서의 연극은 그야말로 제작 방식의 공연, 관객에게 보여 주기 위한 위대한 작품의 탄생에 초점이 맞추어져 있었다. 인물 분석과 무대 동작선 연습, 무대 장치와 배우들 간의 연기 앙상블 등 모든 것이 나의 즐거움보다는 관객에게 어떻게 보일지가 중요했다. 나중에 아동청소년극을 본격적으로 공부하면서 연극이라 불리는 세계 속에는, 행위 그 자체에 초점을 맞추는 드라마(drama)의 세계와 무대 공연에 초점을 맞추는 연극(theatre)의 세계가 독립적이면서 매우 끈끈하게 연계되어 있다는 점을 알게 되었다. 분명히 말하건대, 연극을 가르친다는 행위는 이 두 세계에 대한 구체적인 인식과 실제적인 적용이 가능하게 되면서부터 시작되어야 한다고 말하고 싶다.[3]

연극 놀이 연수를 통해 연극에 관심을 두게 된 교사들은 연극을 놀이, 즉 행위 그 자체에 초점을 맞추는 드라마(drama)에 가까운 것으로 이해하는 경우가 많다. 반면 연극반을 맡으며 연극 지도를 시작한 교사들은

---

3) 연극이 '드라마(drama)와 연극 공연(theatre)의 연속체'라는 개념은 필자의 『드라마 스페셜리스트가 되자 — 과정 중심의 연극 만들기』(연극과인간 2019)의 147~49면에 자세히 소개되어 있다.

연극을 관객에게 보여 주기 위한 무대극(theatre)으로 이해한다. 당연하게도 이러한 차이는 '연극을 가르치는 행위'에 반영되어 저마다의 차별성을 형성한다. 무엇이 어린이들을 위한 올바른 방향일까? 정답은 없다. 단, 어느 한쪽으로 연극의 방향성을 제한하는 것은 위험하다. '연극을 가르치는 행위'는 드라마와 무대극, 모두를 포함하기 때문이다. 이는 결코 완성될 수 없는 여정이다. 따라서 교사가 자기만의 완벽한 연극 지도 방식을 터득했다고 자부할 것이 아니라, 연극의 세계는 무궁무진하게 넓다는 것을 명심해야 한다.

연극의 세계를 계속 탐색해 나갈 수 있는 매력적인 접근 방법을 소개하자면, 연극의 요소에 관심을 두는 것이다. 연극을 만드는 데 어떤 요소가 필요한지 생각해 보자. 연극의 요소에는 대사뿐만 아니라 움직임, 소리 또한 포함된다. 모든 연극이 줄거리 중심이 아니며, 중심일 필요도 없다. 소리와 움직임이 중심인 연극을 만들 수도 있고, 인형과 같은 매체를 활용할 수도 있다. 공간에 관한 관심은 입체적인 사고 확장에 도움이 된다. 이야기를 다양하게 편집하는 방식을 장면 구성에 적극적으로 반영해 보며 자신의 연극 세계를 확장해 보자. 일단 다양한 공연을 많이 접해 보는 것이 큰 도움이 될 것이다. 교사의 경험이 곧 가르치는 행위가 된다는 진실을 잊지 않기를 바란다.

• 교사 중심이 아닌, 학생 중심의 교육을 실천해야 한다

어떤 아이는 연극 놀이의 신체적인 표현이 주는 해방감에 더 반응하고, 어떤 아이는 참여 연극이 제공하는 성인과의 상호 교류 경험을 더 필요로 한다. 또 다른 아이들은 아동극 관람을 통해 인물과 이야기에 강력한 동일시 체험을 하면서 매력을 느끼기도 한다. 아이들은 성격에 따라 시각적인 요소,

언어적 표현 혹은 신체적인 참여를 통해 배운다. (…) 따라서 연극을 활용한 교육에서는 모든 어린이에게 전 범위에 걸친 연극(drama, theatre)을 경험할 기회를 주는 것이 바람직하다.[4]

이 글은 연극 교육에 있어 중요한 핵심을 짚고 있다. '연극을 가르친다는 것'은 교사 자신의 열정과 방법론을 전파하는 일이 아니다. 철저하게 '참여자 중심'의 교육을 실천해야 하는 영역이다. 연극을 전공했다고 해서 반드시 좋은 연극 교사가 되는 것이 아닌 이유다.

종종 교수 학습 방법을 지나치게 열정적으로 탐구하는 교사들을 만난다. 그들은 연극을 재미있어하고, 자신이 만든 연극 프로그램에 대한 자부심이 강하다. 그래서 그것을 자신의 방식으로 학생들에게 전달하고자 한다. 그러나 이때야말로 연극 교육의 본질을 놓치기 쉽다. 학생들에게 연극을 가르치는 이유는 교사의 성취감이나 연구 업적 향상 혹은 구체적인 진로 진도를 위해서가 아니라, 학생들이 연극을 통해 자기 자신을 발견하고, 세상을 보는 시야를 넓히며, 더 풍요로운 지성과 감성의 세계에서 성장하도록 하기 위함이다. 따라서 연극 수업 역시 교사가 아닌 학생 중심으로 이루어져야 한다.

학생 중심의 연극 교육은 어디에서 시작해야 할까? 학생과 교사 사이의 신뢰 형성이 우선이라고 생각한다. 이때 신뢰는 '우리의 연극 공간에서는 어떠한 행동도 할 수 있고, 받아들일 수 있다는 믿음'을 바탕으로 한 정서적 안정감이다. 이러한 신뢰가 있어야만 표현도, 발산도, 소통도, 토론도 가능해지기 때문이다.

참여자 중심 교육에서 중요한 또 다른 연극적 감성은 '몸의 리듬'에

---

4) Jed H. Davis and Mary Jane Evans, *Theatre, Children and Youth*, New Orleans, Louisiana: Anchorage press 1982, 269면(필자 번역).

대한 관심과 탐색이다. 연극은 본질적으로 몸의 예술이다. 연극은 논리를 수용하지만, 동시에 넘어서기도 한다. 도입, 전개, 결말이라는 잘 짜인 진행 방식으로 이루어지지 않은 세계에서는 몸의 리듬, 곧 감각을 깨워야만 한다. 그래서 나는 '감각 열기 — 주요 활동 — 마무리'라고 이름 붙인 과정을 바탕으로 수업을 진행한다.[5] 40분의 수업 시간 중 필요에 따라 30분을 감각 열기에 할애하고, 주요 활동은 10분 내외로 진행하기도 한다. 좀 더 깊숙한 탐구가 필요한 수업은 80분으로 연달아 진행할 때도 있다. 발산하고, 표현하고, 즉흥적으로 장면을 만들어 나가고, 각 장면에서 인물을 형성하는 모든 행위가 몸의 리듬을 통해 이루어진다. 그렇기에 '연극을 가르치는 행위'는 끊임없이 몸의 리듬을 탐구해 나가는 여정이어야 한다. 교사 역시 지속적으로 이 여정을 따라가야 한다.

3. '연극을 가르치는 교사'에서 '연극을 가르치는 예술가'로 나아가기

교육연극 전문가를 지칭하는 용어로 우리나라에 정착되고 있는 개념이 있다. 'Teaching Artist', 곧 '예술가 교사'이다. 이 용어가 자리 잡기 전에 대중적으로 알려진 명칭은 '예술 강사'였다. 한국문화예술교육진흥원을 중심으로 전국의 예술 강사 파견 제도를 운용하면서 사용하기 시작한 '예술 강사'라는 용어는 2000년대 들면서 문화 실천가, 교육 기획자, 교육 매개자 등의 역할을 수용해 나가고 있지만, 본질적으로는 이러한 행위를 실행하는 직업인의 개념이 강하다. 매우 기능적인 용

---

5) 필자의 연극 수업에 대한 개념과 방법론은 『드라마 스페셜리스트가 되자 — 과정 중심의 연극 만들기』에 정리되어 있다.

어로 읽히는 셈이다. 그러다 2006년부터 서울문화재단에서 '어린이 창의'(Arts-Tree)라는 자체적인 예술 교육 프로그램을 개발해 어린이와 청소년을 대상으로 창의 예술 교육과 서울형 예술가 교사를 양성하는 과정에서 '미적 체험'에 대한 개념이 정립되었다.[6] 그리고 이와 더불어 예술가 교사에 대한 개념도 정리되었다. 우선 미적 체험에 대한 개념은 다음과 같다.

진지하고 심오한 감동을 주는 어떤 대상에 대해 특별한 방식으로 주목함으로써 감응하는 동시에 이것에 대해 자신만의 방식으로 응답할 수 있게 되는 상태.[7]

'진지하고 심오한 감동을 주는 어떤 대상'이란, 우리가 연극 수업을 할 때 다루는 소재 혹은 주제를 일컫는다. 이 '어떤 대상'은 일상적인 사건 혹은 예술 작품이 될 수도 있고, 문제 해결을 필요로 하는 쟁점이 될 수도 있다. 또는 교과서에 실린 역사적 사건이나 인물 등이 될 수도 있다. 이러한 대상을 다양한 예술적 통로를 통해 특별한 방식으로 안내해 학생들이 감응할 수 있도록 하기 위해서는, 곧 '미적 체험'을 돕기 위해서는 결코 급해서는 안 된다. 미적 체험의 세계에서는 대상을 여러 번 체험하고, 관찰하고, 몰입해야 한다. 이러한 과정이 마무리되면 참여한 학생 한 명 한 명은 자신만의 방식으로 그 대상에 대해 표현하며 세상과 소통할 수 있는, 그야말로 총체적이고 융합적인 역량을 가지게 되는 것이다.

---

6) '예술가 교사'에 대한 개념 형성 및 토착화 과정에 대한 정리는 필자의 「'학습으로서의 드라마'에서 '예술로서의 드라마'로 나아가기 ― 티칭 아티스트의 개념 형성 및 토착화 과정을 중심으로」, 『한국예술연구』 제21호에 자세히 설명되어 있다.
7) 곽덕주 외 「2011 서울문화재단 창의 예술 교육 체계 구축을 위한 중장기 발전 방안 연구 보고서」, 서울문화재단 2011, 44면.

4차 산업 혁명을 이끌어 가는 수많은 지도자가 미래 세계를 살아갈 인간이 갖춰야 할 덕목으로 예술적 감수성을 꼽는 이유가 무엇일까? 예술을 경험한다는 것, 곧 미적 체험을 한다는 것은 단순히 개인의 감수성과 감각을 키우는 작업이 아니라 어떠한 대상과 진지하고 심오한 관계를 맺는 일이며, 자신만의 방식으로 그 대상을 이해하고 설명하는 역량을 키워 나가는 일이기 때문이다. 이는 정서적·논리적·사회적 역량을 모두 포함하는 행위다. 따라서 교사 역시 이러한 미적 체험을 이끌 수 있는 '연극을 가르치는 예술가'로서의 역량을 키워 나가야 한다.

교육연극 수업은 그 자체가 하나의 흐름이고 연계 과정이다. 융·복합적인 예술 활동이며, 미적 체험이다. 연극을 가르치는 예술가인 '예술가 교사'는 "예술 언어에 대한 이해 및 통합적 활용 능력을 기반으로 교육학적 기술을 겸비한 자로서 학습자를 삶에 대한 미적 체험의 기회로 안내하는 자"[8]이다. 이러한 맥락에서 예술가 교사들은 다음과 같은 질문을 할 수 있을 것이다.

　—드라마의 본질은 무엇일까?

　—드라마 과정에 몰입할 수 있는 구조는 어떻게 만들 수 있을까?

　—장면 만들기에서 무대 발표로 전환하려면 어떤 조건들이 필요할까?

　—아이들과 함께 창작하기 위해서는 어떤 과정들이 필요할까?

　—아이들을 드라마 과정에 몰입시키기 위해서 어떠한 이야기나 소재가 적절할까?

　—좋은 공연의 조건은 무엇일까?

---

8) 같은 글 55면.

'연극을 가르치는 교사'에서 '연극을 가르치는 예술가'로 나아가는 현상은 바람직하고 필수적인 진화 과정이라는 점에서 끝으로 예술가 교사의 정체성에 대해 정리해 보고자 한다.

• 첫째, 예술가 교사는 '모호성에 대한 관대함'을 갖춘 사람이다

  교육연극은 과정 중심 연극이다. 교육연극 수업에서 참여자인 학생들이 표출하는 다양한 표현의 차이는 제거되어야 하는 것이 아니라 오히려 지지되어야 한다. 애초에 정답이 있을 수 없기 때문이다. 예술가 교사는 이러한 차이를 학생들이 인식할 수 있도록 이끌어야 하며, 그 차이가 주제의 본질과 어떻게 연계되는지 찾도록 도와야 한다. 그런데 연수에서 만난 많은 교사는 이러한 모호함의 순간들을 참기 어려워했다. 다양한 차이로 발생하는 무질서와 혼란의 도가니를 건디지 못하는 것이다. 그러나 바로 이 '모호성에 대한 관대함'을 자신의 방식으로 수련하고 탐색해서 적용할 수 있을 때 진정한 예술가 교사로 나아갈 수 있다.

• 둘째, 예술가 교사는 협력 예술가로서의 역할을 수행해 나간다

  예술가 교사의 수업 구조는 교사의 역할에 따라 세 가지로 구분할 수 있다. 교사 자신이 중심이 되어 수업 과정을 기획하고 진행해 나가는 예술가 교사 중심 구조, 대상자인 학생들이 과정을 기획하고 실천해 나갈 수 있도록 교사가 강력히 뒷받침하는 대상자 중심 구조, 그리고 수업과 연극 프로젝트의 성취를 위해 참여자들과 교사가 함께 나아가는 협력 예술가 지향 구조이다.[9]

---

9) 이 세 가지의 역할과 구조는 필자의 『과정중심연극으로서의 교육연극』(연극과인간 2016) 제3장 '과정중심 연극의 구조와 흐름' 참조.

예술을 가르치는 교사로서 첫발을 뗄 때는 교사들이 범하기 쉬운 실수가 있다. 바로 수업의 모든 구조와 흐름을 기획하고 주도하려는 것이다. 대상이 1, 2학년 같은 저학년이라면 교사가 잘 짜 놓은 구조 안에서 학생들이 충분히 즐길 수도 있을 것이다. 그러나 3학년 이상의 학생들은 스스로 장면을 만드는 과정에서 발견한 것들을 여러 가지 요소로 표현하는 것을 더 즐긴다. 실제로 학생들은 연극 만들기 혹은 연극 놀이 수업의 주도권이 학생 스스로에게 있다고 생각할 때, 더 몰입하고 즐거워한다. 교사는 이 과정에서 학생들이 연극 만들기 혹은 드라마 과정에 몰입해 끝까지 수행해 낼 수 있도록 도와주어야 한다. 즉 촉진자 역할에 무게를 두면 되는 것이다. 이러한 여정을 계속 경험하다 보면 교사는 자신 역시 연극 활동의 참여자 중 한 명임을 인식하게 될 것이다.

더 나아가 예술가 교사는 궁극적으로 학생 참여자들과 공동의 연극 프로젝트를 수행하는 협력 예술가로서의 역할을 해야 한다. 처음에는 학생들에게 소재, 주제, 연극 요소를 던져 주는 기획자 역할을 맡기도 하겠지만, 점차 학생들이 몰입과 창의적 결말 도출을 돕는 협력자로서 희열과 기쁨을 맛볼 수 있을 것이다.

• 셋째, 예술가 교사는 문화 예술 교육 생태계를 만들어 나가는 핵심 인물이 되어야 한다

필자는 강의를 할 때마다 "한 명의 교사가 바뀌면, 세상이 바뀐다."라고 말하곤 한다. 이제 학교는 한 공간에 고착된 교육 전달 건축물이 아니다. 지역 문화와 예술을 만들어 내는 중심 거점이 되기도 하고, 지역 주민들의 문화 공간이 되기도 한다. 또 외부 예술가와 전문가가 학교 공간으로 들어와 공동 프로젝트를 진행하기도 하고, 학생들이 다양한 체험 학습 기회를 얻어 외부로 나가기도 한다. 이 모든 영역에서 교사는 핵심 요소이다. 교사는 때로는 기획자가 되어 프로그램을 설계하고, 섭외자가 되어 적절한 강사를 초빙하기도 한다. 때로는 협력자가 되어 예술 강사와 함께 수업을 운영한다. 학교를 중심으로 진행되는 모든 프로젝트의 내용은 담당 교사에 따라 크게 달라진다.

우리나라의 문화 예술 교육 현장은 크게 '학교 문화 예술 교육'과 '사회 문화 예술 교육'의 현장으로 나뉘는데, 노인 복지관, 장애인 센터, 지역 아동 센터를 중심으로 하는 '사회 문화 예술 교육' 사업은 예술 강사 파견 규모가 학교로 파견되는 강사의 4분의 1 수준에 그친다. 학교를 중심으로 하는 '학교 문화 예술 교육'이 전체 문화 예술 교육에서 중심 위치를 차지하고 있는 것이 현 실정이다. 이러한 환경 속에서 학교와 교사의 역할은 절대적이다. 학교와 교사가 어떠한 관점과 태도를 보이는가에 따라 지역의 문화 생태계가 달라질 수 있는 것이다. 학생들과 재미있게 연극 수업을 진행하는 것이 곧 문화 예술 교육 생태계 전체를 변화시키는 중요한 힘이 될 수 있음을, 그 현장의 중심에 교사가 있음을 잊지 않길 바란다.

통합적 수업으로 삶을 반영하는 연극 만들기

1. 교실 속 연극 만들기

학교에서 어린이의 성장을 논의할 때 협의 개념으로 단위 교과 수업 목표 달성을 쉽게 떠올릴 수 있다. 그러나 어린이의 성장은 분절적으로 이루어지는 것이 아니다. 따라서 어린이의 전인적 성장을 꾀하기 위해 교과 영역에 비교과 영역을 접목하는 통합적 학습 방법이 대두되고 있다. 비교과 영역에서는 어린이 삶의 중요한 부분들을 구석구석 다룰 수 있기 때문이다. 그 과정에서 연극은 삶과 사람을 가장 직접적으로 바라보는 예술적 특성을 바탕으로 하는, 효과적인 교육 매개로서 주목받았다. 2015 개정 국어과 교육과정에서도 '연극 단원은 전문적인 연극인을 육성하는 학습보다는 연극이라는 예술의 개념을 이해하고 인문학적 소양 교육의 일환으로 자기 자신과 타인을 이해하고 표현하며 소통하

▌ 신지수 초등학교 교사, 예술로 플러스 자문위원.

는 활동을 중심으로 구성했다.'라고 제시하며 연극을 통해 삶을 성찰하고 성장하는 것을 강조한다. 또 연극 단원의 단독 운영은 물론, 통합 운영(교과 간 통합, 국어 교과 내 통합, 생활 경험과 통합)도 적극적으로 권장하여 어린이의 삶과 교육과정에 연극 활동을 자연스럽게 전개하도록 제안한다. 이 글에서는 어린이의 생활 경험을 바탕으로 한 연극 만들기와 교과 간·교과 내 통합을 통한 연극 만들기의 수업 사례를 제시하고, 교실 연극 만들기의 핵심 목표와 유의점을 공유하고자 한다. 우선 학년별 연극 단원 목표를 살펴보면 아래와 같다.

학년	5-2	6-1	6-2
학습 목표	여러 가지 마음을 다양한 방법으로 표현할 수 있다.	우리 경험을 바탕으로 하여 극본을 쓸 수 있다.	극본을 읽고 연극을 할 수 있다.

2. 마음을 연극으로 표현하기

5학년 2학기 국어 연극 단원의 학습 목표는 여러 가지 마음을 다양하게 표현하는 것이다. 마음을 표현하기 위해서는 가장 먼저 자신의 마음속 감정을 이해해야 한다. 필자는 상담 및 미술 교과와 연계하여 아이들 한 명 한 명의 마음을 들여다보는 활동을 다음과 같이 구성해 보았다.

• 첫 번째 걸음: 자기 마음속 감정을 들여다보고 회화와 조형으로 표현하기
① 아이들이 자리에서 일어나 교실을 돌아다니다가 교사의 멈춤 신호에 따라 2인 1조로 짝을 짓는다. 감정을 들여다볼 수 있는 대화 주제

를 놓고 1분가량씩 교대로 이야기를 나눈다. 대화 주제는 자신의 기분을 색깔로 표현하기, 자기 마음을 촉감으로 표현하기 등 상징과 은유를 활용해 가볍게 이야기할 수 있는 내용이 좋다. 이와 같은 활동으로 두 사람 사이의 공감적인 친밀도, 즉 라포르(rapport) 형성이 이루어진다. 그다음으로는 모둠별로 모여 앉아 일상생활 속 자기 감정에 대해 자유롭게 이야기를 나눈다.

2인 1조로 '감정'을 들여다보는 이야기 나누기   모둠 활동을 통한 마음 나누기

② 자기 마음 그리기 활동을 하며 상담, 미술을 통합적으로 연계한다. 간단히 A4용지와 연필만을 활용할 수도 있고, 스크래치 아트지나 색연필을 사용한 활동을 제시할 수도 있다. 은유적인 표현도 자유롭게 허용한다. 앞서 실행한 감정 나누기 활동에서 상징과 은유를 활용해 마음을 표현했기 때문에 그림에도 자연스럽게 반영될 것이다. 결과물은 추후 학생들이나 학부모 상담 시 교사가 유용하게 활용할 수 있다. 학생들이 자신의 작품에 대해 설명하는 시간을 가져도 좋다. 그 과정에서 학생들은 자신의 감정을 전보다 부담 없이 표현할 수 있다.

제목: 공부 스트레스를 주는 부모님   제목: 학원 수업에 쫓기는 우리들

③ 마음속을 들여다보는 활동이 일상화되면 수업 전 아침 활동 시간이나 개별 활동이 끝나고 남는 막간을 활용해 유토, 색깔 찰흙 같은 재료로 자신의 마음을 조형으로 표현하는 프로그램을 운영할 수 있다.

제목: 친구들 사이에서 느끼는 외로움   제목: 시험과 숙제 무덤

미술 활동을 통해 마음을 표현하는 과정에서 아이들은 감정이 정화되는 효과를 얻을 수 있다. 작품을 완성하고 나면 친구들의 작품을 살펴보며 자신의 감정에 관해 이야기를 나눈다. 자신의 마음속 감정과 비슷한 작품에 대해 자유롭게 의견을 주고받고, 친구들의 작품에 담긴 상징적 의미를 해석하는 과정에서 자연스럽게 공감대가 형성된다.

• 두 번째 걸음: 연극 만들기

타블로 기법[1]을 활용하여 연극적인 방법으로 마음을 표현한다. 연극을 만드는 순서는 보통 다음과 같이 진행한다.

　— 모둠별로 우리 마음과 감정에 관한 이야기 나누기
　— 표현하고자 하는 마음과 관련된 상황 설정하기
　— 정지 장면으로 구성하여 발표하기
　— 즉흥 표현을 극으로 만들기

정지 장면 만들기 활동의 장점은 아이들이 많이 고민하는 문제이지만 교과서에는 실리지 않은 수많은 철학적 질문도 자연스럽게 다룰 수 있다는 점이다.

제목: 천사와 악마
해설: 우리 마음속에는 나를 유혹하는 악마와 나를 붙잡아 주는 천사가 항상 대립한다.

제목: 극과 극
해설: 내 마음은 시험 결과가 좋고 나쁨에 따라서 극과 극을 오간다.

---

1) 타블로(tableau) 기법은 교육연극에서 많이 사용하는 활동으로 정지 장면 만들기, 조각상 만들기라고도 한다. 개인 또는 모둠에 특정 주제나 장면을 제시하고 대사나 움직임 없이 멈춰 있는 자세로 표현하는 방법이다. 자연스럽게 정지 장면에서 즉흥 연기로 전환할 수 있어 교실 내 연극 만들기의 가장 핵심적이며 기초적인 기법 가운데 하나이다.

멈춘 상태에서 즉흥적으로 대사와 행동을 이어 가도록 하여 즉흥극을 만들면 정지 장면 만들기 활동보다 더 심화된 연극 만들기 활동으로 나아갈 수 있다. 교실 속 연극 만들기는 인위적인 장면을 반복해서 연습하기보다는 아이들의 삶과 밀접한 이야기를 소재 삼아 자연스러운 상황을 표현할 수 있도록 진행해야 한다. 정형화된 공간이 아니어도 좋다. 교실 한 귀퉁이, 복도 등을 얼마든지 연극 활동의 무대로 활용할 수 있다. 연극 자체를 목표 삼을 것이 아니라, 학생들의 인지적·정서적·사회적 성장을 이루기 위한 매개로 활용해야 한다.

• 세 번째 걸음: 생각 나누기

연극 활동이 끝난 뒤에는 함께 소감을 나누는 활동을 빠뜨리지 말아야 한다. 작품 활동을 마친 소감, 주제에 대한 자신의 생각 등을 자유롭게 이야기하는 것이다. 간단히 한 단어, 한 문장으로 협업 과정, 표현 주제, 연극적 활동에 대해 표현하는 것도 좋다. 이러한 반성적 활동을 통해 학생들은 협업 과정에서 겪은 어려움, 즐거움 등을 떠올리며 자기 평가를 할 수 있고, 활동에 대해 깊이 있게 성찰할 수 있다.

3. 자기의 꿈을 연극으로 표현하기

'꿈' 혹은 '진로'를 연극으로 표현하는 것은 초등학교 진로 교육이 단순히 직업을 소개하는 수준에서 그쳐서는 안 되며, 아이들 스스로 삶에서 중요하게 여기는 가치를 깨닫고 그에 따라 삶을 설계할 힘을 길러 줘야 한다는 목표에 맞춘 활동이다. 이 연극 활동은 아이들 삶의 전반적인 영역으로 확장할 수 있도록 다음과 같이 진행할 수 있다.

• 첫 번째 걸음: 꿈 목록 작성하기

자기의 꿈을 극화하여 표현하기에 앞서 이루고 싶은 꿈 목록을 작성한 뒤 친구들과 이야기를 나눈다. 꿈 목록 작성하기는 교실에서 진로활동으로 흔히 하는 수업이다. 유의할 점은 '꿈'을 이야기할 때 오로지 '성취'와 관련된 내용만 적지 않도록 다양한 항목을 제시해 놓는 것이다. 건강, 취미, 삶의 태도, 성취, 인간관계, 가족 등 다양한 영역에서 자신이 이루고 싶은 것, 지키며 살고 싶은 것들에 대해 생각해 보도록 한다. 이렇게 꿈 목록 영역을 세분화하면 아이들이 반사적으로 연결짓는 성취 영역에만 한정하지 않고, 삶의 가치와 태도와 관련된 소소하면서도 다양한 목표를 세울 수 있다. 다른 사람 전화번호를 200개 이상 저장하고 싶다는 꿈은 폭넓은 대인관계를 유지하겠다는 목표를 반영하고 있으며, '매일 아침 식사하기'라는 꿈은 건강한 습관을 만들고 싶어 하는 마음이 담겨 있다.

꿈 목록의 예시

나의 꿈 목록				
번호	분류	목표	목표 기한	중요도
1	가족	부모님께 음식 해 드리기	2036년	5
2	건강	매일 아침 식사하기	2020년	4
3	건강	3주에 줄넘기 1,000개 이상	2021년	4
4	삶의 방식	책 331권 읽기	2025년	5
5	삶의 방식	뭐든지 빨리하는 습관 기르기	2020년	5
6	삶의 방식	일주일에 책 3권 이상 읽기	2022년	5
7	삶의 방식	핸드폰 하루에 1~2시간만 사용하기	2023년	5
8	인간관계	다른 사람 전화번호 200개 이상 저장하기	2024년	5

• 두 번째 걸음: 연극으로 표현하기

넓은 천 같은 오브제를 소품으로 제시하고, 4인 1조가 되어 서로의 가장 중요한 꿈을 연극으로 표현하도록 한다. 네 명의 모둠원이 서로의 꿈을 표현하기 위해 협력하는 과정에서 아이들은 비정형의 오브제를 자유롭게 변형하고 활용하면서 창의적 상상력을 마음껏 펼친다. 넓은 천이 때로는 배경으로, 때로는 물건으로 다양하게 바뀌면서 멋진 소품으로 재창조된다. 대본을 바탕으로 한 정형화된 연극 만들기를 할 때도 이미 만들어진 기성 의상을 소품으로 활용하는 것보다는 조금 허술해 보일지라도 비정형의 오브제로 허구적 세상을 창조하도록 하는 것이 학생들의 성장에 훨씬 효과적이다.

나의 꿈: 아우토반 질주(모험)

나의 꿈: 부모님께 효도(가족)

• 세 번째 걸음: 서로에게 꿈 지지자가 되어 주기

꿈 목록을 각자의 사물함에 붙이고 친구들과 격려의 메시지를 주고받도록 한다. 아이들은 본인의 꿈 목록과 친구들의 꿈 목록을 쉬는 시간이나 점심시간에도 관심 있게 살펴보며 삶의 목표와 진로에 관한 이야기를 일상에서 나눌 수 있다.

꿈 목록과 격려 메시지

4. 경험을 극본으로 쓰기

6학년 1학기 연극 단원의 목표는 경험을 극본으로 쓰기이다. 많은 교사가 학생들로 하여금 쓰기 활동에 흥미를 느끼도록 하는 데 어려움을 느낀다. 특히 극본 쓰기 활동은 일종의 허구 세계 창작, 문학 창작에 가까운 작업이기 때문에 다른 종류의 글쓰기보다 지도에 난색을 보이는 경우가 많다. 학생들 역시 아무리 자신들의 경험을 바탕으로 한 이야기를 창작하는 것이라도 아무 준비 활동도 없이 극본을 쓰라고 한다면 어려워할 수 있다. 따라서 처음부터 극본 쓰기에 들어가는 것보다 다음과 같은 준비 활동을 거쳐 단계적으로 진행하면 즐겁고 풍성한 줄거리를 가진 이야기를 이끌어 내는 데 도움이 될 것이다.

• 첫 번째 걸음: 상상하여 인물을 구축하고 이야기 만들어 보기

모둠별로 인물 사진을 한 장씩 제시한다. 학생들은 사진 속 인물에 대해 자유롭게 상상하여 적는다. 인물 윤곽선 안쪽에는 나이나 인종처럼 생득적이고 변동 불가한 것들을 상상해 적도록 하고 바깥쪽에는 변동 가능한 요소 등을 적도록 한다.

사진 속 아이의 나이, 국적, 현재 처한 상황
등을 자유롭게 상상해 봅시다.

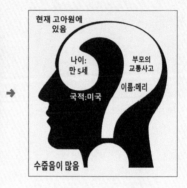

그다음에는 구축한 인물 정보에 살을 붙여 이야기를 만들도록 한다. 이때 극본 형식으로 접근하기보다는 이야기 구축에 초점을 두는 것이 중요하다. 돌아가며 말하거나 쓰는 활동을 통해 모둠별로 재미있고 생생한 이야기 한 편이 창조된다.

이 아이의 이름은 메리입니다. 나이는 5살입니다. 미국 남부의 조용한 시골 마을에서 태어났습니다. 평온했던 메리의 삶은 2개월 전 부모님이 자동차 사고로 세상을 뜨면서 전혀 달라졌습니다. (후략)

모둠마다 사진을 다르게 제시하면 더욱 다양한 이야기가 만들어진다. 모둠별로 돌아가며 자신들이 창조한 인물을 간략히 소개하는 것도 좋다. 이와 같은 활동을 통해 아이들은 문학적 상상력을 기르고, 창작에 대한 두려움을 극복할 수 있으며 나아가 혼자서 단편소설을 쓰는 것도 가능해진다.

• 두 번째 걸음: 우리들의 경험을 바탕으로 이야기 창작하기

허구의 인물과 사건을 상상해 이야기를 구성하는 방법을 익혔다면, 일상 속 경험을 바탕으로 한 이야기 창작은 더 유연하게 이루어질 수 있다. 처음에는 학급 아이들과 비슷한 또래가 여러 명 있는 사진을 제시하여 자신들의 경험에 기초한 이야기를 만들도록 안내할 수 있다. 어느 정도 이야기가 구축되면, 세밀한 대사를 주고받는 극본 구성 단계로 들어가기 전에 다음과 같이 정지 장면 만들기 활동을 하며 연극 만들기를 시도한다.

학교 폭력 상황 속 피해자, 가해자, 방관자의 모습

① 경험을 바탕으로 창작한 이야기의 중심 장면을 정지 장면으로 표현하기

통합적 수업으로 삶을 반영하는 연극 만들기 67

② 정지 장면에서 자연스럽게 즉흥 대사 하기

③ 인물의 어깨에 손을 얹고 인터뷰하기: 속마음을 들어 보며 장면 속 상황과 감정을 구체화하기

• 세 번째 걸음: 창조된 이야기를 바탕으로 극본 쓰기

앞서 정지 장면에서 즉흥극으로 구상한 상황과 대사를 반추하여 자유롭게 적어 본다. 모둠별로 이야기를 나누며 자신들이 즉흥극에서 묘사한 장면보다 더 정교하게 연극으로 표현하기 위해 추가해야 할 인물, 대사 등이 없는지 의견을 주고받는다. 의견을 나누며 어느 정도 정교한 표현이 완성되면 연극 대본의 짜임새에 맞게 해설이나 지문을 추가해 극본을 완성하도록 한다. 극본을 쓸 때 지나치게 형식을 강조할 필요는 없으나 필수적인 정보를 담고 있으면 연극적 표현을 위한 보조 수단으로 활용할 수 있다는 것을 안내한다.

극본에 필요한 정보 예시

제목:

때:
곳:
등장인물:

3. 교실 속 연극 만들기 활동을 하면서

앞서 살펴본 바와 같이 교실 속 연극 만들기에는 두 가지 핵심 목표가 있다. 첫째, 교과와 비교과의 영역을 넘나들며 학생들 삶과 밀접한 주제로 유희 본능을 충족해 주어야 한다. 둘째, 몸짓과 말로 생각과 감정을 끌어내고, 그 과정에서 동반되는 강렬한 예술적 감성을 바탕으로 한 지성적·인성적 성장을 도모해야 한다. 연극이라는 매체를 통해 우리는 교실 안에서 깊이 있는 만남을 경험할 수 있다. 연극을 통해 스스로 체화하고 교류하는 시간은 아이들을 숨 쉬게 하고 성장하게 한다. 이러한 교실 속 연극 활동을 위해 다음 네 가지 사항은 교사가 꼭 유념해야 한다.

첫째, 교실 속 연극 활동의 목표를 정확히 이해해야 한다. 교실에서의 연극 활동을 '연극 공연을 위한 수업'으로 생각하여 학생들에게 대본을 암기하게 하고 배우처럼 그럴듯하게 연기하도록 지시하는 오류를 범해서는 안 된다. 교실 연극 활동은 어디까지나 교육을 위한 연극이 되어야 한다. 이는 연극적 기법으로 교과 교육의 목표를 달성하고 성찰을 통해 스스로 성장할 수 있도록 하는 교수/학습 방법이라는 인식이 교사와 학생 모두에게 필요하다.

둘째, 성공적인 교실 연극 만들기 활동을 하기 위해서는 학생과 학생, 교사와 학생 사이의 충분한 라포르 형성이 전제되어야 한다. 연극 활동은 기존의 교실 수업 형태보다 훨씬 더 많은 책임이 학생에게 이양된 상태로 진행된다. 즉 학생들이 마임, 타블로, 즉흥극 등의 활동에 행위의 주체로서 자발적으로 참여하도록 해야 한다. 분위기가 편안하고 즐거우며 충분히 존중받는 느낌이 들 때 아이들은 자유롭게 의견을 제시할 수 있고, 결과적으로 더 효과적인 연극 활동이 진행될 수 있다. 그러므로 학생들 개개인 모두 학습 참여에 두려움과 부담을 느끼지 않도록 안

정적인 라포르를 형성하는 일은 교육연극 활동의 필수적인 전제 조건이다.

셋째, 학생이 중심이 되는 극화 과정에서도 교사는 보이지 않게 학생들을 도와야 한다. 교사가 아무런 역할도 하지 않는다면 연극 활동은 분위기에 휩쓸려 즉흥적이고 비논리적인 창작 활동으로 이어질 위험이 있다. 따라서 교사는 극의 흐름을 깨지 않으면서도 학생들의 사기를 떨어뜨리지 않는 지혜로운 안내자의 역할을 충실히 수행해야 한다.

넷째, 아이들이 장면을 해석할 시간을 충분히 주고, 내용에 관해 묻고 답하는 시간을 가져야 한다. 연극 활동의 장면 만들기에는 은유적인 표현이 많이 활용된다. 따라서 배우와 관객이 어떤 장면에 대해 다양하게 추론하고 해석할 수 있다. 같은 책을 읽고 나서도 각자의 경험과 배경지식에 따라 서로 다른 관점에서 수용하는 것과 마찬가지다. 아이들의 극적 활동도 활동 후 충분히 생각하고 서로 이야기를 나누며 새로운 의미를 재발견하는 과정을 거쳤을 때야 비로소 진정한 감상이 이루어졌다고 할 수 있다. 숨 쉴 수 있어야 한다. 인간의 삶을 가장 직접적으로 재현하는 매체인 연극을 통한 체화와 교류의 시간은 아이들에게 강렬한 협력과 상생의 경험을 제공하고 타인에 대한 감수성, 자신의 삶에 대한 반성적 시각을 갖도록 한다. 교실 속 연극의 궁극적인 목적은 연극을 매개로 한 인간의 성장에 있으며 이것은 어린이의 삶을 깊숙하게 반영하고 관통하는 극적 활동을 통해 가능할 것이다.

스르렁 슬근, 연극 강사와 함께 박을 타다!

1. 흥보가 물어다 준 이상한 박씨

현장 체험 학습 다음 날, 아침부터 곧이곧대로 수학책부터 펴는 건 아이들에게 너무 가혹한 일이다. 여행을 다녀온 직장인의 마음과 다를 바가 없다. 소풍의 여운을 나누며 공부하기 싫은 아이들의 몸과 마음을 토닥여 줄 시간도 필요한 법. 그런데 예상이나 했을까? 이 자투리 시간에 '이상한 박씨'를 얻게 되는 행운이 찾아올 줄을.

교사: 어제 현장 체험 학습에서 가장 재미있었던 게 뭐니?

어린이: 「흥부와 놀부」 공연이 재미있었어요.

어린이: 맞아요! 그런데 놀부가 주인공인 것 같아서 좀 그랬어요. 놀부가 훨

▌ **이충일** 초등학교 교사, 아동문학평론가. 『해방 후 아동문학의 지형과 담론』, 『교사를 위한 온작품
▌ 읽기』(공저), 『통증의 맛』을 냈다.

씬 더 웃겼잖아요.

어린이: 야, 「흥부와 놀부」잖아. 그러니까 놀부도 주인공이지.

어린이: 아니, 그래도 흥부 이름이 놀부보다 앞에 있잖아. 그만큼 더 중요하다는 뜻 아니겠어?

흥부와 놀부를 두고 때아닌 주인공 설전이 벌어졌다. 전날 본 마당극이 꽤 인상적이었던 모양이다. 게다가 놀부 역할을 맡은 배우가 관객의 호응을 잘 유도하다 보니, 아이들은 놀부라는 인물 자체에 대해 호감도가 쑥 올라간 듯했다.

어린이: 저는 솔직히 이번 마당극을 보고, 놀부가 많이 좋아졌어요. 예전에는 그냥 악당 이미지였는데…….

어린이: 야, 그건 마당극이니까 웃기려고 그런 거지.

어린이: 맞아! 웃긴 거랑 착한 거랑은 별개라.

이 정도에서 끝날 것 같았던 마당극 후일담은 교실 한쪽에 꽂혀 있던 『흥보전』(정종목 글, 김호민 그림, 창비 2004)의 등장으로 새로운 국면을 맞았다. 학기가 시작한 지 석 달 가까이 지났지만, 아이들은 그 책이 있었는지도 몰랐다는 반응이다. 책을 보여 주자, 아이들의 궁금증이 다시 동하기 시작했다. 왜 놀부는 빠지고 흥부 이름만 남았는지, 흥보 '전(傳)'은 또 무엇인지, 그중에서도 '흥부'의 이름이 왜 '흥보'[1]로 쓰였는지를

---

1) 이것은 먹보·울보·잠보·술보처럼 친근한 호칭이다. 예전에 '~보(甫)'는 평민 사내들의 흔한 이름이었다. 그러나 평민들이 좋아하던 판소리를 점차 양반도 즐기게 되고 이 이야기를

궁금해했다. 현장 체험 학습 때 본 마당 극과 비교해 보고 싶다는 아이도 있었다. 이번 달에 함께 읽을 책으로 자연스럽게 『흥보전』이 급부상하는 순간이었다. 때마침 2주 후에 연극 수업이 있다고 했더니, 우리도 마당극을 해 보자는 의견이 모였다. 착한 일을 하지도 않았는데, 우연히 박씨 한 알을 얻게 되어 얼떨떨한 기분이었다. 그 안에서 뭐가 나오게 될지는 이제부터 하기 나름이겠지만.

『흥보전』

2. 예술 강사와 함께 뿌린 씨앗

『흥보전』이라는 제목답게 이 책은 흥보에 대해 생각해 볼 거리가 많았다. 우리가 흔히 알고 있는 '흥부'와 비슷하면서도 뭔가 달랐다. 그 '뭔가'에 관해서 아이들과 토론을 해 보면 어떨까 싶었다. 그런데 독서 토론과 연극까지 이어지면 아이들이 다소 지루해할 우려가 있었다. 그렇다면 두 가지를 합쳐 보면 어떨까. 자신의 주장을 연극으로 드러내는, 이른바 '토론-극' 같은 형식 말이다.

이러한 고민을 우리 반 연극 강사인 김지혜 선생님에게 털어놓았다. 선생님은 재미있겠다며 호응해 주면서도, 토론을 위한 연극이 되지 않도록 확실하게 선을 그었다. 주의해야 한다고 강조했다. 토론은 연극을

더 많이 읽히려는 목판본이 나오면서 점잖게 '지아비 부(夫)'로 바뀌게 된 것이다.『흥보전』 142면 참조.

이끌어 가기 위한 도구로 한정하고, 연극 자체를 즐기는 데 방점을 둘 필요가 있다는 것이다.

본격적인 수업에 들어가기 전, 마당극의 형식을 수정할 필요가 있었다. 마당극처럼 관객이 원형으로 둘러앉는 개방된 구조는 연극을 처음 하는 아이들이 소화하기에 쉽지 않다. 연극 전문가는 동선을 파악하고 움직이지만, 숙련되지 않은 아이들에게는 무리일 수밖에 없다. 빙 둘러 앉으면 어떤 관객은 배우의 뒷모습만 계속 보게 될지도 모른다는 연극 강사의 이야기를 듣고 나니, 이건 아니다 싶었다. 그래서 원형 구조는 포기하고, 마당극의 다른 특색을 살리는 쪽으로 가닥을 잡았다. 이를테면 마당극의 장점인 해학적인 요소를 유지하고, 무대와 객석의 간격을 최대한 좁힘으로써 배우와 관객이 쉽게 소통할 수 있도록 했다. 또 마당극처럼 북과 추임새를 활용해서 등장인물의 등장과 퇴장을 알리기로 했다.

요컨대 이 수업은 담임과 강사가 협업한 연극 수업 사례이다. 두 교사가 함께 뿌린 씨앗의 형태를 간추려 보자면 이렇다.

『흥보전』 토론-극 수업 개요

—주제: 흥보의 착한 이미지는 과대 포장 됐다.

—팀 구성: 흥보 팀, 놀보 팀, 흥보 부인 팀

—상황 설정

① 놀보는 자신만 나쁜 인간이 되어 버려 억울하다.

② 흥보 부인은 남편이 싫진 않지만, 같이 살면서 답답하고 속상할 때가 많다.

③ 흥보는 두 사람의 주장을 인정하지 못하며 자신을 변호한다.

─수업 방향: 연극을 즐기는 데 방점을 둔다. 대본은 책을 근거로 하되, 어느 정도의 상상력은 허용한다.

─역할: 토론할 사람과 연극할 사람으로 나누고, 대본은 다 함께 만들어 간다.

─수업 흐름

① 『흥보전』을 읽고, 팀의 주장을 뒷받침하기에 알맞은 장면을 찾는다.

② 연극으로 보여 줄 장면 두 가지를 선정하고, 연설문과 대본을 작성한다.

③ 연사 발언-장면 극으로 실현하기-연사 추가 발언 (팀별로 두 번씩 기회)

④ 못다 한 이야기 나누기

• 유리한 증거를 수집하라!

연극 수업 첫날, 토론 주제와 상황을 먼저 설명하고 팀을 구성하였다. 국어 시간에 이미 『흥보전』 읽기 수업을 했던 터라 아이들이 내용을 어느 정도 이해한 상태였다. 팀이 구성된 후에는 같은 팀끼리 모여 증거를 수집했다. 흥보 부인과 놀보 팀은 흥보가 착하다는 주장을 반박할 수 있는 장면을, 흥보 팀은 그것을 옹호할 수 있는 장면을 찾는 활동이다. 아이들도 이 과정이 중요하다고 생각했는지 두 가지 장면을 선정하기까지 20분이 넘게 걸렸다.

여기서 선정된 장면을 토대로 대본을 만들기 시작했다. 책을 근거로 하되, 내용을 왜곡하지 않는 선에서 상상력을 발휘해 보자고 했다. 그랬더니 "네!"라는 대답 대신 "그런데요……." 하고 질문이 되돌아왔다.

"우리 팀에는 배우가 다섯 명인데 장면 속 등장인물은 달랑 두 명이라 어떡하죠?"

"놀보가 말로 한 이야기를 어떻게 구체적인 장면으로 만들어요?"

첫 번째 질문에 대한 응답은 '새로운 인물 창조하기'였다. 소설 원작에는 없지만 영화로 각색되면서 새로운 캐릭터가 등장하는 것과 비슷한 이치다. 이렇게 되면 책의 내용을 있는 그대로 재현하지 않고, 재구성의 활로를 찾을 수 있다.

두 번째 질문에 대한 응답은 '더 많은 상상력 발휘하기'였다. 이 질문의 발원지는 놀보가 어린 시절, 부모에게 차별받은 것에 대해 토로하는 장면이다. "네놈은 둘째라 내리사랑 더하다고 당최 힘든 일도 안 시키고 밤낮으로 글만 읽게 하셨다. 그때 너 혼자 잘 먹고 잘 입던 것을 생각하면 지금도 억울하기 짝이 없다."(『흥보전』 13~14면) 놀보의 말대로라면 부모의 차별 대우 속에서도 집안을 일으켜 세운 일등 공신은 놀보 자신이다. 사실 책을 읽고 나서 아이들은 이 부분을 상당히 놀라워했다. 놀보의 어린 시절에 이런 뒷이야기가 있었는지 처음 알았기 때문이다. 물론 형제를 쫓아낸 배덕 행위는 용서받기 어렵지만, 뒷이야기를 알게 되면 인물의 행동에 개연성이 부여된다는 점에서 한층 열린 해석이 가능해진다. 놀보 팀은 이 내용을 토대로 놀보가 어릴 때 부모에게 차별받는 장면을 구체적으로 만들어 나갔다. 이렇게 완성된 대본은 원작 재현과 상상력 발현, 그 사이에서 재구성된 6학년 1반 '흥보전' 판형인 셈이다.

• 역할을 분담하고 소통하라!

학예회나 연극제 같은 큰 공연이 아니더라도 배역을 나누는 일은 만만한 과정이 아니다. 아이들끼리 서로 비중 있는 역할을 맡으려 할 때 중재하는 일도 순조롭지 않지만, 하기 싫다는 아이를 억지로 참여시키는 일은 더 힘들다. 고학년일수록 후자에 해당하는 아이들을 적잖게 만난다. 그런데 이번 '토론-극'에서는 걱정을 덜었다. 토론이라는 선택지가 하나 더 늘었으니, 배역을 나눌 때 벌어질 수 있는 갈등을 최소화할 수 있기 때문이다.

　— 연극 부문: 연출, 조연출, 등장인물
　— 토론 부문: 제1 연사, 제2 연사

　역할은 크게 연극과 토론 부문으로 나누었다. 토론 쪽은 두 명의 연사가 기조 발언과 최종 발언을 나누어 맡았다. 이들은 팀에서 선정한 장면을 토대로 연설문을 작성하고, 그 내용을 연출 쪽과도 공유하기로 했다. 연출은 연극의 모든 영역을 지휘하는 역할을, 조연출은 무대, 의상, 소품 등을 준비하는 역할을 맡았다. 연출과 조연출의 중요한 임무 중 하나는 연극 강사와 수시로 소통하는 일이었다. 아울러 등장인물 인원이 부족할 경우에는 연출부에서 보조 출연 형식으로 지원해 주기로 하였다.

　교사의 역할 면에서는 담임보다 연극 강사의 비중이 컸던 게 사실이다. 고백건대 나에게 이 수업은 연극 지도법을 배우는 시간이었다. 특히 자신이 맡은 배역의 성격을 직접 적어 보게 하는 등, 아이들이 등장인물의 성격을 정확하게 이해하도록 교사가 유도하는 과정은 매우 인상적이었다. 교사의 안내에 따라 극의 흐름을 이해하는 기초 공사는 모든 팀원이 함께 소통하면서 풀어 나갔다. 이러한 과정을 통해 아이들은 자신이 어떤 어조와 몸짓으로 연기해야 하는지 스스로 이해해 나갔다. 하나의 극을 준비하는 과정 자체가 끊임없는 토론의 연속이었다.

　일상적인 재료를 소품으로 활용하는 노하우도 빼놓을 수 없겠다. 무대를 꾸미거나 소품을 준비하는 데 사용할 예산이 거의 없는 상황에서 종이테이프, 비닐봉지, 부직포 등은 저비용 고효율을 끌어내는 최적의 도구였다. 얇은 종이테이프로 배우들의 동선과 구역을 나누고, 굵은 종이테이프로는 누더기를 표현하였다. 비닐봉지는 서민들의 치마나 바지

대용으로 제격이었고, 가공이 편한 부직포로 갓이나 정자관을 만들었다. 학년 연구실에 있던 학습 준비물을 소품으로 활용한 덕분에 지출 품목은 상투와 곰방대가 전부였다.

• 스르렁 슬근 떠억, 박이 열리다!

드디어 연극 발표 날, 먼저 리허설을 했다. '토론-극'의 특성상 나름의 보안을 유지하기 위해 리허설은 팀별로 다른 장소에서 진행하였다. 교실은 담임이, 시청각실은 연극 강사가 맡았다.

리허설이 끝나고 다 같이 시청각실에 모여 앉았다. 무대와 가장 가까운 자리부터 앉고, 배우가 관객에게 말을 건넬 때는 적극적으로 호응해 달라고 당부했다. 공연은 '연사 발언-장면 극으로 실현하기-연사 추가 발언' 순으로 진행되었다. 연사가 먼저 주장을 펼치고, 주장을 뒷받침하는 구체적인 장면을 연극으로 보여 주는 방식이다. 스르렁 슬근, 드디어 첫 박이 떠억 벌어졌다.

해설 흥보네 집 아이들은 며칠째 굶고 있다. 흥보는 관가에서 환자[2]를 나누어 준다는 소식을 듣고 외출 준비를 하는 중이다. 여기 와 계신 여러분들께서는 흥보의 행동을 잘 봐 주시기 바란다. 알겠지유?

흥보: (다급한 목소리로) 여보 마누라, 나 읍내 좀 갔다 오리다.
부인: (눈을 동그랗게 뜨며) 읍내는 무엇하러 가시오?
흥보: 관가에 들어가 곡식이라도 얻어 와야 저 자식들을 먹이지 않겠소. 환자 말이오.

---

2) 환자: 봄에 가난한 백성에게 꾸어 주고 가을에 이자를 붙여 거두는 곡식.

부인: 여보, 우리 꼴에 환자만 받아먹고 도망간다고 안 줄 것이니 가지 마시오.

첫째: 맞아요, 아부지. 갔다가는 환자 취급 받을지도 몰라요.

막내: 오빠, 환자가 뭐야?

둘째: 환자도 몰라? (손가락을 머리 주위로 빙빙 돌리며) 어디 아픈 사람 말이여. 안 그래요, 여러분들? 큭큭큭.

흥보: (눈살을 크게 찌푸리며) 집안의 어른이 나가려는데 여편네하고 자식 놈들이 재수 없는 소리를 하고 있네. 밑져야 본전이고 지푸라기라도 잡는 심정으로 가 볼 테니 여러 말 말고 내 의관이나 내오시오.

부인: (큰 한숨을 내쉬며) 의관이라니요? 당신 의관이 어디 있소?

흥보: (목소리를 높이며) 원, 집안 꼴이 어떻게 되려고 여편네가 서방 의관이 어디 있는지도 모르오?

부인: 아이고, 우리 집에 무슨 장이 있단 말이오?

흥보: 거 닭장은 장이 아니란 말이오? 그리고 내 갓도 내오시오.

부인: 갓은 또 어디에다 두었소?

흥보: (의기양양한 목소리로 한쪽을 가리키며) 뒤란 굴뚝 속에 가 보시오. 지난번 국상 때 쓰던 흰 갓을 어떤 친구가 아직도 멀쩡하다며 칠해서 쓰라고 하나 줍디다. 내 형편에 칠해 쓸 수 있겠나? 굴뚝에 넣어 두면 저절로 시커멓게 되겠지, 하고 넣어 둔 게 벌써 삼 년이 되었소.

해설 그리하여 흥보가 의관을 차리는데, 차마 눈 뜨고는 못 볼 꼴이다. 목만 남은 버선발에 한 손에는 담뱃대, 한 손에는 살만 남은 쥘부채를 들고, 휘적휘적 팔자걸음으로 집을 나선다.

—『흥보전』 25~28면 참조

부인을 타박하는 흥보   적극적으로 호응해 주는 관객들

　흥보 부인 팀의 연극은 대부분 책의 내용을 바탕으로 하고 있다. 특히 흥보와 부인이 나눈 대사는 거의 그대로다. 장면 보여 주기가 끝나자 연사는 "여편네가 재수 없는 소리 하고 있네."라며 퉁바리를 주던 흥보의 말투와 가난한 형편에 양반 체면을 따지며 의관을 챙기는 행동을 따끔하게 끄집었다.

　한편 재구성의 흔적도 눈에 띈다. 해설 부문에서 "여기 와 계신 여러분들께서는 흥보의 행동을 잘 봐 주시기 바란다. 알겠지유?" 한다거나 둘째가 "안 그래요, 여러분들?" 하는 장면은 마당극의 형식을 응용한 사례이다. 실제로 이 장면에서 서로의 입장에 따라 호응과 야유가 동시에 쏟아져 나왔다. 등장인물 중에는 첫째, 둘째, 막내가 새로 만들어졌다. '환자'에 대한 이야기는 실제로 그 뜻을 몰라 자기들끼리 추측하며 나눴던 대화를 연극 대본에 옮겨 적었다고 한다. 빌려주는 곡식인 환자를 아픈 사람에 빗대어 해학성을 가미한 것이다. 흥보 부인 팀은 두 번째 장에서 흥보가 키울 능력도 없으면서 자식을 스물아홉 명이나 낳았다는 점을 지적하면서 아이를 줄줄이 낳는 장면을 재미있게 표현하기도 하였다. 이 또한 흥보의 무능력함을 웃음으로 승화한 사례이다.

　자, 다음은 놀보 팀이 준비한 두 번째 박을 열어 볼 차례다. 스르렁 슬근 떠억!

흥보와 놀보: 서당 다녀왔습니다!

엄마: (환한 얼굴로 반기며) 아이구, 우리 흥보 왔냐? 어서 씻고 밥 먹어라.

아빠: 놀보는 후딱 먹고 밭이나 갈고 오거라!

해설 놀보는 밥을 먹자마자 일을 하러 나선다. 밭을 갈고 있는 놀보에게 이웃 주민들이 다가온다.

이웃 1: 흥보는 어쩌고 맨날 놀보 혼자 밭을 가는가?

놀보: 흥보는 글공부하느라 바빠요.

이웃 2: 쯧쯧……. 아니 형제가 같이 일을 나눠서 해야지. 자네 부모님도 너무하는구먼.

해설 놀보는 저녁이 다 되어서야 지친 몸을 이끌고 집으로 돌아온다.

흥보: (몸을 앞뒤로 흔들며) 하늘 천, 따 지, 검을 현, 누를 황, 집 우, 집 주.

놀보: (우물쭈물 작은 목소리로) 아버지, 저…… 저도 일 그만하고 공부만 하면 안 될까요?

아버지: (크게 화를 내며) 다 공부하면 일은 누가 하냐? 밥은 많이 먹는 녀석이 게을러터져 가지고는…….

엄마: (빈정거리는 목소리로) 너는 흥보처럼 머리가 좋지도 않으면서 무슨 공부냐. 서당 보내 주는 것도 고마워하지는 못할망정. 어휴.

놀보: (뒤돌아서며 혼잣말로) 흑흑……. 그래 일단 열심히 일해서 돈이라도 벌자. 흥보 이 녀석, 기다려라. 내가 나중에 다 갚아 줄 테니.

——『흥보전』 13~14면 내용 재구성

놀보에게 쫓겨나는 흥보를 몸짓으로 표현　　　　놀보 팀의 발언

　　사실 이번 주제를 놓고 보면, 놀보 팀이 가장 불리했던 게 사실이다. 다른 팀에 비해 주장을 뒷받침할 만한 근거를 찾기가 쉽지 않았기 때문이다. 이런 상황에서 어렸을 때 부모에게 차별받았다는 놀보의 진술은 놀보 팀으로서는 든든한 밑천이 아닐 수 없다. 그런데 텍스트에 구체적인 장면이 없다 보니 놀보 팀은 모든 장면을 재구성해야 했다. 처음에 놀보 팀은 의욕이 과한 나머지, 흥보를 지나치게 나쁘게 묘사하는 데 치중하였다. 흥보를 뻔뻔한 거짓말쟁이로 왜곡해 버린 것이다. 대본을 수정한 시간까지 고려한다면 놀보의 어린 시절을 이 정도로 복원한 것만으로도 큰 박수를 보내고 싶다. 또한 연설자의 재치 있는 추가 발언도 한몫했다. "형이 뼈 빠지게 일할 때 도와주지 않고 외면했던 흥보가 과연 잘못이 없다고 말할 수 있는가?"라며, 형제간 사이가 나빠진 문제에서 흥보도 자유로울 수 없다는 점을 강조하였다.

　　자, 그럼 마지막으로 흥보 팀의 박에서는 과연 무엇이 나왔을까. 두 팀에서 공격이 들어온 터라 유독 할 말이 많았는데, 그중 일부를 공개해 본다. 스르렁 스르렁 슬근 떠억!

해설 홍보가 꾀죄죄한 행색으로 관아에 척 들어서니 호방이 아는 체를 한다.

호방: (아래위로 훑어보며) 박 생원, 어쩐 걸음이오?

흥보: 식구는 많고 양식은 부족하여 환자나 얻을까 하고 왔소.

호방: 지금 빌려줄 환자는 없고……. 혹시 매는 좀 맞아 봤소?

흥보: (화들짝 놀라며) 뭐? 아니, 갑자기 매 맞는 말은 왜 하나?

호방: 우리 고을 좌수가 어찌하다 병영에 끌려가게 되었는데, 그 좌수 대신으로 곤장을 열 대만 맞고 오시면 한 대에 석 냥씩, 열 대면 서른 냥이 굳는 돈이오.

흥보: (손뼉을 치며) 아, 그래요. 가고말고요.

해설 홍보는 매품을 팔기로 약속하고 여비 하라고 준 닷 냥으로 양식과 고기를 사서 집으로 간다.

흥보: (손에 들고 있는 물건을 들어 올리며) 애들아, 마누라. 여기 쌀과 고기를 사 왔소.

아이 17: (코를 마구 들이밀며) 와! 이게 얼마 만에 보는 쌀과 고기인가요? (춤을 추며) 좋아 죽겠네.

아이 18: (자기 볼을 꼬집으며) 이거 정말 꿈 아니죠? (덩실덩실 춤을 추며) 우리 아버지 최고.

아이 19: 난 오늘도 굶으면 정말 죽을 것 같았는데……. (떼굴떼굴 구르며) 빨리 밥해 주세요.

흥보 부인: 아니, 당신 대체 돈이 어디서 났소?

흥보: 이건 말이야. (앞뒤로 몸에 장단을 타며) 어쩌고저쩌고, 어쩌고저쩌고……. 그렇게 된 거야.

흥보 부인: (뒤로 자빠질 듯 놀라며) 매품? 이게 웬 말이오? 아무리 죽게 된

들 매품팔이가 웬 말이오? 당신은 죽으려고 환장했소?

흥보: 돈은 벌써 축냈으니 도로 갖다줄 수도 없소. 대관절 이까짓 볼기 두 었다가 어디다 쓰겠소? 이렇게 궁한 판에 쓸데없는 볼기가 매품이라도 팔 아야지 그냥 두어 무엇하오? (부인을 토닥거리며) 걱정 마오, 걱정 마.

처음부터 아이들은 '매품팔이'라는 단어에 큰 관심을 보였다. 매품팔 이가 요즘 시대에도 있으면 좋겠다는 말부터, 양반들은 잘못하고도 벌 을 피할 수 있다는 점을 꼬집는 말까지 다양한 의견이 나왔다. 흥보 팀 입장에서 흥보의 착한 성품을 증명하는 데 매품팔이는 그야말로 최적 의 증거였다. 아이만 줄줄이 낳고 가장으로서 아무것도 하지 않았다는 비판을 어느 정도 반박할 수 있는 장면이기 때문이다. 실제 연극에서는 아이 17, 18, 19의 과장되면서도 열정적인 연기가 큰 호응을 얻었다. 그 런데 아이가 왜 하필 '17, 18, 19'인지 궁금했다. 흥부 팀에 따르면, 등 장인물을 파악하는 과정에서 저 정도의 말과 행동을 한다면 초등학생 일 것이라고 판단하였고, 스물아홉 명의 자식들 중에서 초등학생은 열 일곱, 열여덟, 열아홉 번째 아이일 것으로 유추했다는 것이다. 처음에는 첫째, 둘째, 셋째로 설정하려 했는데 그러면 자녀의 나이가 많아지는 문 제를 발견했다고 한다. 캐릭터 탐색 과정에서 얼마나 깊은 대화가 오고 갔는지 짐작할 수 있는 대목이었다.

3. 연극이 물어다 준 의외의 선물

마지막 연극 수업에서는 이전 수업에서 못다 한 이야기를 나누었다.

혹여 시간이 남지 않을까 싶어, 연극을 촬영한 동영상도 준비해 두었다. 그런데 이게 웬걸, 이상한 일이 벌어졌다. 적당히 끝날 줄 알았던 뒷이야기가 흥보 자식들이 줄줄이 꿰어 나오듯, 좀처럼 끊이질 않는 게 아닌가. 한 학생이 "매품까지 빼앗겨서 되돌아오는 흥보의 모습이 정말 불쌍했다."라고 하자, 다른 학생이 "그런 사람이 집에 돌아와서는 부인에게 그렇게 막말을 하냐."라며 받아쳤다. 놀보 팀의 주장도 다시 소환됐다. 어린 시절에 받은 차별은 동생을 내쫓기 위해 놀보가 지어낸 이야기일 것이라는 주장이 제기되면서 잠시 갑론을박이 이어졌다. 자식이 스물아홉 명이라는 점을 단서로 흥보의 나이를 추측한 아이도 있었다. 적어도 오십은 가까이 되었을 것이라면서 "그 나이에 가장으로서 할 줄 아는 게 없다는 게 말이 되냐."라고 직구를 던지니, "그 나이에 매품 팔 생각까지 하다니 더 대단하지 않냐."라며 강한 견제구가 돌아왔다.

수다가 교실에 가득 찰 때, 학교는 가장 학교답다. 그 수다가 수업의 산물이라면 더더욱 그렇다. 호불호가 확실한 우리 반 아이들의 특성상 이러한 반응은 연극 수업이 꽤 유의미했음을 증명한다. 한바탕 연극을 펼치고 나니 자연스럽게 토론의 장이 열리고 있지 않은가. 평소에 입을 열지 않던 아이들까지 간간이 말참견을 들었다. 그 동력의 근원은, 역시나 '연극'이다. 아이러니하게도 토론보다는 연극을 중심에 두었기에 가능한 결과였다. 연극을 충분히 즐기지 않았다면, 이렇게 수다스러운 결과는 도출되지 않았을 것이다. 물론 여기에서 연극이란, 무대에서 보여 준 시간만을 의미하지 않는다. 마당극이 예상치 못한 박씨를 물어다 준 순간부터, 연극은 시작되었다고 봐야 한다.

예상치 못한 선물이 또 하나 있다. 협업 수업의 즐거움을 경험하게 되었다는 것. 사실 공동 수업 연구는 그렇다 하더라도, 수업의 전 과정을 다른 교사와 함께 진행하기란 쉬운 일이 아니다. 그런데 요즘에는 외부 강사가 학교 수업을 지원하는 시스템이 슬슬 제도화되는 추세이다. 인적 자원의 단순 유입이냐, 학교의 안과 밖이 상생할 수 있는 길항이냐는 앞으로의 행보에 달려 있다. 적어도 그 방향이 '대체'가 아닌 '협업'이 되어야 한다는 것은 자명해 보인다. 이 수업이 문화 예술 교육의 협업 사례로서 작은 예시가 될 수 있길 기대한다.

• 덧붙이는 말

이 수업은 문화 예술 연극 강사인 김지혜 선생님이 있어 가능한 도전이었다. 과도한 요청이 많았음에도 불구하고, 긍정의 에너지로 신명을 불어넣어 주신 김지혜 선생님께 감사의 말씀을 전한다.

역사와 자기 삶을 연결 짓는 근현대사 연극 수업

─드라마 활동을 통해 느끼는 전쟁의 비극

'역사'에 '연극적 상상력'을 더하다

2015 개정 교육과정에서는 5학년 2학기에 고조선부터 6·25 전쟁까지 아우르는 역사를 배운다. 방대한 양을 한 학기에 모두 섭렵해야 하다 보니 가르치는 교사나 배우는 학생이나 부담스럽기는 매한가지다.

나 역시 학창 시절, 가장 싫어했던 과목이 한국사였다. 사건 이름부터 관련 인물, 연도 등 외워야 할 내용이 많았을 뿐 아니라 사건의 흐름을 이해하기 어려웠다. 역사에 대한 지식이 짧았기에 교사가 된 후 수업을 준비하면서 다시 역사 공부를 하기 시작했다. 그런데 다시 공부하다 보니 차츰 역사 공부의 재미와 중요성을 깨닫게 되었다.

과거는 미래의 거울이다. 정치적·사회적으로 급변하는 오늘날, 현재 상황과 딱 맞아떨어지는 역사는 없을 테지만, 선택의 기로에서 고민이

▌ **이나라** 초등학교 교사, 경기도연극교육연구회 연구위원, 성남연극교육연구회 회장.

들 때 조상들의 삶을 살펴보면 해결 방안을 찾을 수 있다. 학생들은 나보다 더 빨리 역사 공부의 중요성을 깨닫길 바라며 기획한 수업이 바로 상상력을 동원해 당대의 사람들이 되어 보는 드라마 활동이었다. 현재의 '나'에게 일어나지 않은 상황이지만 과거 인물이 처한 상황을 체험해 보면 같은 상황에서 '나'는 어떤 선택을 할 것인지, 사회는 왜 이러한 방향으로 변화해 왔는지 등을 몸소 깨달을 수 있다. 역사적 사건에 대한 지식 습득을 넘어 역사를 마음으로 느끼고 자신의 삶과 연결 지을 수 있는 살아 있는 역사 공부를 하게 해 주고 싶었다.

이 수업에서 교사와 학생 모두에게 가장 필요한 것은 '연극적 상상력'이었다. 교사인 나 역시 겪어 보지 못한 시대의 이야기를 다루어야 했기에 상상력을 발휘해야 했다. 복잡한 근현대사를 어린 학생들의 눈높이에 맞게 재구성하고, 학생들의 상상력과 몰입을 이끌어 내는 것이 관건이었다.

학생도 교사도 성장하는 수업을 경험하다

처음 시행한 프로젝트 수업[1]은 6차시로 기획한 '근현대사와 통일' 수업이다. 학생들이 가장 힘들어한 수업은 2회차였다. 독립운동가들의 노고와 희생을 자연스럽게 터득하도록 하기 위해 독립 유공자 선정 기준을 정하는 활동을 했다. 나는 독립운동가의 후손 역할을 맡고, 학생들은 3·1운동 100주년을 기념하여 결성된 독립 유공자 특별 선정 위원회

---

1) 이 프로젝트 수업은 성남형 교육의 일환인 '교육과정 연계 교육연극 수업 나눔학교 사업'의 지원으로 예술 강사와 협력하여 진행했다. 수업 시간을 탄력적으로 이용할 수 있는 블록 수업 형태로 진행하여 한 회당 80분씩 수업하고 쉬는 시간 없이 운영되었다.

의 위원 역할을 맡았다. 몰입도를 높이기 위해 전문가를 상징하는 망토를 입혀 주기도 했다. 교사가 미리 준비한 독립운동가의 실제 사연들을 들려주면 독립 유공자로 선정할 만한지 여부를 학생들이 직접 판단하는 것이었다. 그런데 독립 유공자나 독립 유공자 후손에 대한 이해가 부족한 학생들에게 독립 유공자 선정 위원이라는 역할을 부여하는 일은 무리가 있었다. 학생들이 예상보다 훨씬 어려움을 겪자 나는 극 밖으로 나와 교사로서 개입할 수밖에 없었다. 교사의 의도대로 학생들이 자유롭고 다양하게 상상력을 펼치면서 몰입하지 못했던 것이다. 대부분의 학생들에게는 선정 위원회와 같은 공식적인 회의를 경험하는 것 자체도 낯설었을 것이다. 여러 시행착오를 겪으면서 나는 교육연극 수업에서는 학생들의 눈높이에 맞는 상황을 설정하는 것이 가장 중요하다는 것을 깨달았다.

아이들의 눈높이에 맞춤한 상황을 제시함으로써 몰입도를 높일 수 있었던 수업은 '동물'과 '또래 아이'를 활용한 수업이었다. 아이들은 동물을 아끼고 사랑하는 순수한 마음을 지니고 있어서 수업에 대한 몰입도가 매우 높았다. 또 역사 속 '어린이'가 되어 보는 활동을 통해 아이들은 역사 인물과 자신의 삶을 자연스럽게 비교하면서 인물의 심정을 이해할 수 있었다. 역사 수업과 드라마 활동의 통합으로 교사도 아이들도 만족도가 높았던 '6·25 전쟁을 통해 전쟁의 참극 느끼기' 수업 과정을 공유하고자 한다.

6·25 전쟁을 통해 전쟁의 참극 느끼기

• 수업의 기획 의도

학생들에게 조각상 활동[2]이나 즉흥극을 만들라고 하면 자주 등장하는 소재가 있다. 바로 '전쟁'이다. 아이들은 편을 갈라 죽고 죽이는 흉내를 내곤 한다. 자극적인 미디어 콘텐츠에 노출된 어린이들에게는 전쟁도 게임의 한 장면으로 받아들여지는 듯하다. 그래서인지 '전쟁' 하면 총, 칼, 피, 죽음 등 잔인한 부분에 초점을 맞추고, 게임이나 영화에서 본 장면을 재연하며 장난스럽게 임할 때가 많다. 특히 남학생의 경우, 전쟁에 대한 생각이 최신 무기에 대한 관심으로 흐르는가 하면, 전쟁에서 사람이 죽고 사람을 죽이는 것에 대해 대수롭지 않게 생각해 버리는 경향이 있다.

6·25 전쟁이라는 우리 역사의 아픔을 어떻게 하면 진지하게 경험할 수 있게 할지 고민하던 와중에 우연히 교사 연수에서 한 수석 선생님의 수업 사례를 듣게 되었다. 황순원의 단편소설 「송아지」를 '메타포'로 활용하는 수업이었다. 전쟁을 통해 우리가 얻은 것과 잃은 것에 관한 수업을 다루는 데 몇 명이 죽고, 몇 명이 부상을 입었는지, 얼마나 많은 도로가 유실되고 집터가 파손되었는지 직접적으로 설명하는 방식은 적절하지 않다. 당시를 살아간 사람들의 고통을 피부로 느끼기에는 학생들이 너무 어리기 때문이다. 반면 반려동물에 대한 아이들의 사랑은 상상 이상으로 크기 때문에 「송아지」를 활용해 전쟁 이야기를 한다면 몰입을 자연스럽게 이끌어 낼 수 있을 것이었다.

나는 광복 이후 1949년 여름 방학을 시대적 배경으로 하고, 우리 아이들과 비슷한 또래인 초등학생 '돌이'를 주인공으로 설정한 드라마 활동

---

2) 조각상 활동은 '정지 장면'(still image) 또는 '타블로'(tableau)라고도 한다. 움직임 없이 조각상처럼 가상의 무언가가 되어 멈춰서 동작으로 표현하는 활동이다.

을 구성하였다. 주인공 돌이와 그가 아끼는 송아지 '누렁이'의 만남부터 헤어짐까지를 드라마로 체험해 봄으로써 전쟁의 비참과 고통을 가슴으로 느껴 보도록 하고 싶었다.

• 가상 세계로 초대

교사: 오늘 수업은 사진 속 물건과 관련된 것이에요. 이건 어디에 쓰는 물건일까요?

어린이: 머리에 쓰는 거예요.

어린이: 고누 놀이 할 때 써요.

어린이: 팔찌요.

어린이: 저거 한국민속촌에서 본 것 같은데……. 소 코에 끼우는 거 아니에요?

교사: 맞아요. 이건 '코뚜레'라는 거예요. 소 코

코뚜레

를 뚫어서 이걸 끼운다고 해요. 소가 자라서 사람의 힘으로 통제가 안 될 때 소를 길들이기 위해 사용해요. 과연 이 코뚜레와 오늘의 이야기는 어떤 관련이 있을까요? 지금부터 짧은 극을 보도록 하겠습니다.

교실 불을 끄고, 밝은 배경 음악을 튼다. 교사가 주인공 돌이 역할을 하고 무대 안으로 들어간다. 무대에 놓인 의자에 앉아 촛불을 켜고 일기장을 펼친다. 설레는 표정으로 일기를 읽어 나간다.

돌이의 일기

1949년 7월 29일 금요일, 날씨: 무척 더움

야호, 드디어 여름 방학이다!

내 동생 누렁이랑 하루 종일 붙어 있을 수 있어서 너무 신난다.

누렁이는 작년 이맘때쯤 아버지가 몇 해를 두고 푼돈을 아껴 모아 사 온 송아지다.

처음엔 볼품없는 녀석이 맘에 들지 않았지만 어느 순간부터 내가 가장 아끼는 가족이 되었다.

다시 불을 켠다. 직전의 가상 상황에 대해 다 같이 복기해 보고, 상황을 구체적으로 상상하는 시간을 가진다. 이때 상상은 우리 학급의 자유다. 주인공의 성별도 정해 놓지 않았고, 나이도, 사는 곳도 자유롭게 정하기 나름이다. 주인공은 우리가 상상한 대로 만들어진다. 이러한 롤 온더 월 활동[3]을 통해 주인공의 이름, 나이, 성별, 의상, 성격, 가족 관계, 취미, 특기 등 인물에 관한 정보를 구체화함으로써 주인공과 학생들은 더 친밀해진다. 아이들은 이제 인물에게 몰입할 준비가 되었다.

교사: 반려동물에게는 흔히 이름을 지어 주는데요, 돌이가 누렁이에게 어떤 이름을 지어 주었을까요?

어린이: '누돌이'요. 누렁이를 동생이라고 생각하니까 돌이의 '돌' 자를 따서 누돌이라고 불렀을 거예요.

교사: (학생들이 다른 이름을 제시하면 그 이름대로 불러도 좋다.) 그럼 우리도 지금부터 누렁이를 '누돌이'라고 불러 보아요. 방학을 맞은 돌이는

---

3) 롤 온 더 월(role on the wall) 활동은 인물 윤곽을 그린 뒤, 테두리 바깥에는 인물의 외형적 특징을, 테두리 안에는 인물의 내면적 특징을 상상해 쓰면서 인물을 구축해 나가는 활동이다.

누돌이랑 놀 생각에 신났는데, 방학이 되자 둘은 뭘 하고 놀았을까요?

어린이: 누돌이 등에 타고 놀았어요.

어린이: 달리기 시합을 했어요.

교사: 지금부터 교실 앞에 놓인 물건들을 활용해서 돌이와 누돌이가 무엇을 하고 놀았을지 모둠별로 상상해 봅시다. 3분 동안 모둠별로 토의하고, 발표해 보아요.

소품들

소품으로는 빗자루, 우산, 체, 부채, 키, 포대 자루 등을 준비한다. 학생들은 모둠별로 소품을 한 가지씩 고르고, 소품을 활용해 즉흥극을 연습한다. 정해진 시간이 지나면 교사는 발표 순서를 정해 준다. 아이들이 발표할 때 적절한 배경 음악을 틀어 주면 좋다.

실제 수업에서 포대 자루를 가져간 팀은 송아지를 탐내던 옆 마을 아저씨가 포대 자루로 누돌이를 잡아가려는 순간, 돌이가 나타나 누돌이를 구출해 주는 장면을 표현했다. 우산 팀은 소나기가 내리는데 우산이 하나밖에 없자 돌이가 우산을 누돌이에게 양보하는 모습을 표현했다. 키 팀은 돌이와 누돌이가 동산에 올라갔다가 빨리 내려오는 시합을 하는 장면, 시합에서 누돌이가 이기는 장면을 표현했다. 체 팀은 돌이가 누돌이 밥통에 여물을 채워 주며 누돌이를 쓰다듬는 장면을 표현했다. 빗자루 팀은 누돌이의 등에 모기와 파리 떼가 꼬이자, 돌이가 누돌이를 걱정하며 빗자루로 등을 빗어 주는 장면을 표현했다.

포대 자루 팀의 발표   키 팀의 발표

• 갈등 상황 제시

즉흥극 활동이 끝나면 교사가 다시 주인공 돌이 역할을 하고 무대 안으로 들어간다. 무대에 놓인 의자에 앉아 촛불을 켜고 일기장을 펼친다. 교사는 학생들이 즉흥극으로 표현한 장면들을 돌이의 일기에 담아 읽어 나간다. 학생들은 자신들이 표현한 내용이 나올 때마다 반가워하며 일기에 더욱 몰입한다. 그러다 교사가 갑자기 읽기를 멈춘다. 학생들이 의아해하는 사이 교사는 미리 준비해 둔 총소리 음향을 튼다. 돌이(교사)가 무서워하며 두 손으로 귀를 막고 황급히 일어나서 무대 밖으로 나온다.

교사: 무슨 소리를 들었나요?

어린이: 전쟁이 났나 봐요. 총소리랑 대포 소리가 났어요.

교사: 돌이는 이제 어떻게 해야 할까요?

어린이: 피난 가야 해요.

교사: 네. 위험하니까 어서 피난을 가야겠죠. 그런데 누돌이는 몸집이 너무 크고 걸음이 느려서 같이 피난 가기 힘들 것 같아요. 여러분이 돌이라면 어떻게 할 건가요?

• 수직선 서기와 일대일 미션 대화 나누기

교사는 교실 가운데에 서서 양팔을 벌리고, 학생들에게 과연 자신이 돌이라면 어떤 선택을 할 것인지 묻는다. 교사의 왼쪽으로 갈수록 '누돌이를 포함한 가족 모두의 안전을 위해 어쩔 수 없이 누돌이를 두고 떠나겠다.'라는 의견에 가깝고, 오른쪽으로 갈수록 '친동생이나 다름없는 누돌이를 두고 떠날 수 없다. 무조건 같이 가겠다.'라는 의견에 가깝다.

실제 수업에서 학생들은 오른편에 더 많이 섰다. 나는 오른쪽과 왼쪽 양 끝에 있는 학생들을 짝으로 묶고, 끝에서 두 번째 학생들을 짝으로 묶는 식으로 차례차례 일대일 짝을 만들어 주었다.

왼편에 선 학생들은 돌이의 부모 역할을, 오른편에 선 학생들은 돌이 역할을 맡게 했다. 그리고 부모 역할을 맡는 학생들만 따로 불러 상황을 더 구체적으로 알려 주었다.

상황을 알려 준 후, 이를 돌이에게 그대로 전달해도 되고, 다른 방법으로 설득해도 된다고 안내하였다. 부모 역할을 맡은 학생들은 자신들만의 '비밀'이 생겼다는 생각에 더 적극적으로 참여하게 된다.

이제 부모와 돌이가 서로를 설득하기 위한 대화를 이어 나간다. 대화가 어느 정도 끝나 갈 무렵 돌이 역할을 맡은 학생들을 따로 불러 둥글게 앉도록 했다. 그리고 그 원 바깥으로 부모 역할을 한 학생들을 앉게 했다. 아이들은 어떤 대화를 나누었는지, 결국 누가 누구를 설득했는지 등을 공유했다. 부모 역할을 맡은 학생 중에는 피난을 가면 더 큰 송아지를 사 주겠다고 유인하는 경우도 있었고, 돌이 역할인 학생들 중에는 혼자 남아 누돌이를 지키겠다고 한 학생도 있었다.

교사: 우리 반은 누돌이를 지키겠다는 친구들이 더 많았는데, 과연 진짜 돌이는 어떤 선택을 했을까요?

어린이: 왠지 피난을 갔을 거 같아요.

교사: 맞아요. 누돌이도 소중하지만 누돌이만큼 부모님과 다른 가족들도 소중했기 때문에 마음은 아프지만 누돌이를 두고 피난 가기로 했어요.

아이들은 심각한 표정으로 "마음이 아파요." "어떡해요." "슬퍼요." 하고 말했다.

• 빈 의자 기법을 활용해 누돌이와 작별 인사하기

다음 활동은 피난 가기 전날 밤, 돌이가 누돌이에게 어떤 말을 남길지 상상하며 직접 편지를 써 보는 것이다. 학생들에게 포스트잇을 한 장씩 나눠 주고 마지막으로 누돌이에게 하고 싶은 말과 작별 인사를 쓰게 한다.

아이들이 편지 쓰기를 마치면 각자 쓴 포스트잇을 교실 앞에 놓인 빈 의자에 붙이게 한다. 이 의자는 교사가 돌이가 될 때마다 앉은 의자이다. 아이들에게 빈 의자에 포스트잇을 붙이고 누돌이에게 인사를 남긴 뒤 교실 밖으로 나가도록 한다.

이때 상황에 몰입할 수 있도록 슬픈 음악을 틀어 주어도 좋다. 실제 수업에서 아이들은 손을 흔들거나 의자를 쓰다듬거나 안아 주는 경우가 가장 많았고, 너무 슬프다며 의자를 보지도 못하고 빠른 걸음으로 나가는 아이들도 있었다. 먼저 복도로 나간 아이들은 교실에 남은 학생들이 작별 인사를 모두 마칠 때까지 기다렸다.

빈 의자 기법 상황

교사: 작별 인사를 하고 나니 어떤 기분이 들었나요?

어린이: 슬펐어요.

어린이: 미안했어요.

어린이: 제가 거짓말쟁이가 된 것 같아요.

교사: 왜 거짓말쟁이가 된 것 같아요?

어린이: 언제는 가족같이 아껴 주겠다고 해 놓고 이제 와서 나 살겠다고 버리니까요.

아이들은 상상 이상으로 누돌이와의 작별을 슬퍼했고, 미안해했다.

교사: 우리는 지금 전쟁으로 인해 돌이가 누돌이를 잃게 되는 상황을 보았어요. 그런데 진짜 6·25 전쟁 당시에는 송아지만 잃은 것은 아니겠지요? 또 어떤 소중한 것을 잃었을까요?

어린이: 고향요.

어린이: 목숨요.

어린이: 가족요.

어린이: 집이나 재산도 잃었어요.

교사: 우리는 누돌이를 잃는다는 상상만 해도 마음이 아픈데, 실제로 전쟁을 겪은 사람들은 가족도 생명도 재산도 잃고, 너무 많은 것들을 잃었어요. 반대로 6·25 전쟁으로 얻게 된 건 없을까요? 원래 없었는데 생긴 거요.

어린이: 이산가족이 생겼어요.

어린이: 엉망이 된 땅을 얻었어요.

어린이: 파손된 문화재요.

드라마 활동을 마친 후에는 6·25 전쟁으로 인해 얼마나 많은 민간인과 군인이 부상을 입고 사망했는지 확인하는 시간을 가졌다. 그리고 수많은 이산가족을 떠올리며 다음 차시의 통일 수업과 자연스럽게 연결지어 보았다.

나는 반 아이들에게 돌이의 두 번째 일기 내레이션 장면에서 들었던 총소리를 다시 떠올려 보게 했다. 누가 총을 쐈을까? 어떤 사람들이 전쟁터에 나갔을까? 이와 같은 질문에 이어, 전쟁 당시에는 민간인 중에도 전쟁에 강제로 끌려가 어쩔 수 없이 총을 겨눠야 했던 사람들이 있었음을 전하며 '학도병'에 대한 이야기도 나눌 수 있었다.

심화 학습으로 가족과 헤어진 학도병을 다룬 짧은 영상을 함께 시청하면서 돌이와 영상 속 학도병과의 공통점을 발견하기도 했다. 둘 다 전쟁을 원하지 않았고, 전쟁으로 소중한 존재를 잃었다는 점이었다. 당시 헤어진 가족들 중에는 지금도 서로를 사무치게 그리워하며 이산가족으로 살아가고 있는 사람들이 많다는 것을 상기하면서 수업을 마무리했다.

이 수업을 기획한 의도는 앞서 밝혔듯 아이들이 방대한 양의 역사적 사건을 외우기만 하기보다는 역사 속 인물의 삶을 살아 봄으로써 자연스럽게 역사를 익히게 하고자 했던 것이다. 실제로 아이들은 역사 속 인물이 되어 보는 드라마 활동을 통해 역사에 대한 호기심을 키우고, 나아가 역사 공부의 의미를 스스로 깨우친 것 같았다.

학생들은 수업이 끝난 뒤에도 누돌이가 어떻게 되었는지 물었다. 나는 고민 끝에 황순원의 「송아지」를 소개해 주었다. 뒷이야기를 들려주니 아이들은 더 가슴 아파했다. 우리의 역사에는 소설보다 더 가슴 아픈 이야기들이 많다는 말을 전했고, 아이들과 함께 다시는 전쟁의 비극이 일어나지 않길 빌었다. 연극 수업을 통해 교사와 학생이 함께 성장할 수 있다는 것을 깨달은 순간이었다.

연극으로 시 읽기

옹알옹알 해죽 웃는 아기와 눈을 맞춘 엄마는 동그랗고 빨간 어떤 것을 가리키며 말을 건넨다.

"사과."

엄마의 음성에는 사과의 아삭한 느낌, 한입 깨물 때 배어 나오는 달콤한 즙, 햇살 머금은 빨간색 따위의 온갖 느낌이 스며 있다. 애정을 담뿍 담은 엄마의 음성, 눈빛, 표정을 통해 아기는 보이는 것 너머를 보고, 경험하지 않은 것을 그려 내는 상상력을 키울 것이다. 남의 아픔을 헤아리거나 다른 사람의 삶에 공감하는 것도 상상력이 있어서 가능하다.

엄마의 음성 말고, 보이는 것 너머를 보게 하는 또 하나의 문이 있다면 그것은 '시 읽기'다. 시를 읽는다는 것은 온갖 감정과 감성이 꿈틀거리는 상상력의 보물 상자를 열어젖히는 일이다. 시 속의 '사과'는 개념으로 굳어 있는 사과가 아니다. 별이 되고 정의가 되고 사랑이 되는 어

▌ **탁동철**　초등학교 교사. 『얘들아 모여라 동시가 왔다』 『하느님의 입김』 『아이는 혼자 울러 갔다』
▌ 『교사를 위한 온작품 읽기』(공저) 등을 냈고, 어린이 시집 『까만 손』을 엮었다.

떤 것이다. 시 속의 '감나무'는 개념으로 굳어 있는 감나무가 아니다. 새와 바람이 깃드는 '쉼터 나무'이고, 새빨간 홍시가 열리는 '해님 나무'이고, 어머니를 그리워하게 하는 '눈물 나무'이고, 바닥에 한숨 같은 꽃을 떨어뜨리는 '왕관 나무'이다.

아이들과 시를 읽는 게 보물 상자를 여는 듯 귀한 일이니 안 읽을 까닭이 없다. 당장 동시집 한 권을 골라 손에 들고 책장을 넘겨 보는데, 눈으로 대충 몇 줄 훑고 나면 끝이다. 그래서 누군가는 별로 남는 게 없다고 생각할지도 모른다. 그러나 돈가스와 비빔밥과 짜장면을 먹는 방법이 다르듯, 시 읽기는 그림책의 그림을 보는 것과 다르고 소설책의 글을 읽는 것과는 다르다.

시는 시처럼 읽어야 한다. 시의 배경으로 들어가 분위기에 젖어 보고, 리듬을 느껴 보고, 인물에 공감하고, 내 경험에 비추어 보고, 보이지 않는 것을 그려 보고, 말을 건네도 보고……. 그러려면 아이들이 시 한 편에 충분히 머무를 수 있어야 한다. 어느 정도 머무를까. 밥 한 그릇 먹는 시간만큼, 그림책 한 권 읽는 시간만큼 머무르면 좋겠다. 눈 감고 읽고, 낭송하고, 허공에 그려 보고, 노래로 흥얼거리고, 손짓 발짓 몸짓으로 춤추고, 놀이하고, 직접 경험해 보고……. 온갖 머무르기 방법이 있겠지만 여기서는 연극으로 시 안에 머무르는 법에 대해 말해 보려 한다.

연극으로 시 읽기? 쉽다. '시를 읽는다. 연극을 한다.' 이게 끝이다. 일단 한번 해 보시라. 부딪히면 저절로 알게 된다. 시 한 편을 읽고 교사가 머릿속으로 그려 보는 어떤 것, 시 한 편을 읽고 아이들이 그려 보는 어떤 것, 실패가 빤히 보이는 어떤 것, 그 어떤 것들을 머릿속이 아니라 실제 행동으로 옮기면 그게 바로 연극 아니겠나. 종이에 검은 글자로 박혀 있는 시를 연극의 세계로 옮기는 동안 아이들은 시 한 편에 온전히 붙들려 머무르게 된다.

1. 말하는 대로 펼치기

신문지를 둘둘 말아 가늘고 긴 막대기를 만들었다. 이 막대로 무얼 할까. 아이들이 아무렇게나 말했다.

"칼싸움!"

"독화살!"

"리듬 치기."

"창던지기."

"인중에 대고 오래 버티기."

"피 빨기."

"손바닥에 올리고 중심 잡기."

"카누 타기."

아이들이 말한 모든 것을 하게 했다. 눈 가리고 마주 서서 칼싸움을 했고, 밀림에서 짐승을 사냥하듯 훅 불어서 독화살을 쏘았다. 빙 둘러앉아서 막대기로 통탁탁탁 타닥닥닥 투닥다닥 닥닥다닥툭…… 리듬을 만들어 쳤다. 인중에 대고 버티기는 입술을 쭉 내민 다음, 막대를 입과 코 사이에 끼워 오래 버티기 시합을 하는 건데, 아이들끼리 서로 마주 보고 버티다가 웃음이 터져서 떨어뜨렸다. '피 빨기'는 난감했다. 말을 꺼낸 아이가 그건 장난으로 한 말이니까 안 해도 된다고 했지만, 이미 입 밖으로 뱉은 말이니 어쩔 수 없다. 그 말을 꺼낸 사람이 윤서니까 윤서 피라도 빠는 수밖에. 아이들이 윤서를 바닥에 눕혀 놓고 종이 막대로 모기처럼 피를 빠는 시늉을 했다. 쭙쭙 소리가 날 때마다 윤서가 몸을 움츠렸다.

"우리가 방금 한 것들이 한꺼번에 나오는 이야기가 있을까?"

내가 묻자 아이들이 한 마디씩 보탰다. 이야기 제목은 「캐리비안의

『몸무게는 설탕 두 숟갈』

해적」이다. 우리는 막대기를 하나씩 들고 해적 놀이를 했다. 보물 찾으러 간다고 영차영차 노를 젓는다. 배 위에서 축제가 벌어지자 막대기 리듬에 맞추어 춤을 추고, 막대를 손바닥에 세워서 중심 잡기 놀이를 하고, 인중에 대고 오래 버티기 놀이를 하다가 마침내 보물섬을 발견한다. 그러다 섬에서 다른 도둑들을 만나 창을 던지고 칼싸움을 벌인다. 막대기 하나면 안 되는 것이 없다.

이번에는 '술병' 이야기가 나온다. 술병 하나면 안 되는 게 없지. 술병에 입술을 대고 바람 소리를 내 볼까, 꽃 한 송이를 꽂을까, 술병을 세워 놓고 볼링공을 던질까, 술 때문에 벌어지는 술꾼들의 세계를 보여 줄까. 아니다, 술병은 아무래도 문제가 생길 수 있다. 학교에서 공부 안 가르치고 술을 가르친다고 항의가 들어올지도 모른다. 술병 대신 '시'로 하자. 시 한 편이면 안 되는 게 없지. 시 읽는다고 신고당할 일도 없을 테고 말이다.

아이들이 교실 책꽂이에서 시집을 꺼내 펼쳤다. 고른 시로 무엇을 할까. 리듬 치기를 할까, 독화살을 날릴까, 꽃을 꽂을까. 금방 마음을 정하지 못하고 궁리하는 동안, 손에 든 시집이 자꾸 바뀌고 시가 바뀌고 책장에는 침이 묻고 때가 묻는다. 그러는 동안 시와 친해지는 아이도 있을 것이다.

현빈이가 고른 시는 임복순의 「손바닥 도시락」(『몸무게는 설탕 두 숟갈』, 창비 2016)이다.

손바닥 도시락

"제 것 하나 드셔 보세요."
체험 학습 간 날 선욱이가
선생님께 김밥 하나 드리자

"제 것도요, 제 것도요!"
다른 아이들도 서로 김밥 올려놓아
선생님 손바닥은 도시락이 되었다.

통통한 참치 김밥
밥이 겉으로 나온 누드 김밥
짭조름한 치즈 김밥
옆구리 풀린 야채 김밥……
같은 모양 하나 없다.

한 개도 남기면 안 된다고
손바닥에서 아이들이 와글거렸다.

—「손바닥 도시락」 전문

시를 읽은 현빈이가 말했다.
"주먹밥 만들어 먹일게요."
오, 이런 생산적인 아이디어라니……. 기껏해야 '김밥 만들어 먹어
요.' 하는 정도에서 끝날 줄 알았는데 자기가 만들어 먹이겠다니.
"왜?"
"다른 사람의 마음이 나한테 모여 왔을 때의 기쁨을 나타낸 시잖아

『알아서 해가 떴습니다』

요. 그러니까 저는 마음을 남한테 주면서 기쁨을 나눠 볼게요."

다음 날 현빈이가 주먹밥을 만들어 와서 아이들 입에 넣어 주었다. 시 덕분에 우리 반 아이들은 주먹밥을 맛있게 먹었다.

다음으로 윤서가 고른 시는 정연철의 「우산 사용법」(『알아서 해가 떴습니다』, 사계절 2018)이다.

우산 사용법

두 개보다는
한 개
큰 것보다는
작은 것

우산 속에서 팔짱 낀 두 사람
어깨동무한 두 사람
더 따뜻해
더 정다워

—「우산 사용법」 전문

"떨어진 것보다는 붙어 있는 게 아름답잖아요. 그러니까 신문지 막대를 서로 붙여서 아름다움을 표현해요."

말하는 대로 다 이루어진다. 막대기와 막대기를 서로 이어서 따뜻하고 정다운 것을 표현하기로 했다. 무엇이 따뜻하고 정다울까? 한 사람씩 이야기했다.

"같이 우산 쓰고 가는 두 사람!"

두 학생이 막대기 우산을 쓰고 걸었고, 그러는 동안 다른 아이들은 자기 몸과 신문지 막대기를 이용해서 빗줄기와 바람, 그리고 지나가는 자동차를 만들었다.

"햇볕 쬐는 고양이!"

고양이 역할을 맡은 한 학생이 누워서

『어떤 것』

햇볕을 쬘 때, 다른 아이들은 막대기를 서로 이어서 지붕과 마당을 만들고, 뻗어 나오는 빛을 표현했다. 한마음으로 모이니까 따뜻하고 정답고 아름다운 것 맞다. 말하는 대로 다 펼쳐진다.

영한이는 송진권의 「아무것도 하기 싫을 때」(『어떤 것』, 문학동네 2019)를 바탕으로 연극을 하자고 했다.

아무것도 하기 싫을 때

아무것도 하기 싫을 때는
아무것도 하지 말아요

티브이도 켜지 말고
게임도 하지 말고
무엇도 되지 말아요

나는 나도 아니고
누구도 아니에요

어떤 생각도 내 속엔 없어요

이런 글도 쓰지 말고

아무것도 아닌 것이 되어 봐요

아무것도 하기 싫으니까

무엇도 되기 싫을 때니까

―「아무것도 하기 싫을 때」 전문

아이들과 아무것도 하기 싫을 때가 언제인지 차례대로 이야기해 보았다.

"아침에 일어나기 싫을 때요."

"눈꺼풀에 빛이 닿을 때 더 일어나기 싫어요."

"잔소리 들을 때 아무것도 하기 싫어요."

"아침에 깨면 몸은 일어나도 영혼은 누워 있어요."

아이들이 하는 말이 대체로 비슷하다. 대답들을 모아서 칠판에 적으니 시 한 편이 완성됐다.

아침에

아침에
떠오른 해의 빛
눈꺼풀에 닿는 해의 빛
포근하다 이불이.
울 엄마는 소리친다.

"빨리 일어나!"

편안하게 몸을 웅크리며 잠을 잔다.

"이불 개!"

음, 어디지. 졸리다. 더 자고 싶다.

"밥 먹어!"

아, 하기 싫다.

"다 해!"

음…

몸은 바닥에 있지만

내 영혼은 다른 데 가서 놀고 온다.

이 시를 가지고 아무것도 하기 싫어서 영혼이 몸을 탈출하는 장면을 연극으로 만들었다. 닫혀 있던 막대기 창문이 양쪽으로 떨어지며 드르륵 열렸고, 진짜 몸과 영혼의 몸이 나란히 이불 덮고 누워 있다가 잔소리가 시작되면 유체 이탈. 진짜 몸은 그대로 바닥에 누워 있고, 영혼의 몸만 스르륵 일어나서 밖에 나가 춤추고 기차놀이를 하며 놀다가 다시 제자리에 들어와 눕는다. 그리고 둘이 똑같이 일어나서 세수하고 양말을 신고 가방 메고 학교로 가는 연극이다.

말하는 대로 안 될 게 무어냐. 아이들과 시를 읽는 지금 여기 이 자리는 한 사람의 말이 우뚝 서는 곳, 한 사람의 말이 노래가 되고 춤이 되고 집과 길과 마을이 되는 곳이다. 지금 손에 든 막대기와 시 한 편에 세계가 오롯이 담겨 있다.

2. 시의 배경 되기

아이들을 두 조로 나누고, 중간을 막으로 가렸다. 가림막의 양쪽 끝은 의자 위에 올라선 두 아이가 쥐고 있다. 한쪽 편 아이들에게 시 한 편을 내밀었다. 아이들은 시를 읽자마자 소리를 내기 시작했다.

"아르르르르르 탕탕탕."

"춥춥 후루루룩."

"짭짭짭 하아아."

반대편 아이들에게 물었다.

"이 소리는 어디서 들리는 걸까?"

아이들이 아무렇게나 대답했다.

"게임방요."

"식당요."

나는 정답을 말하는 대신 시를 읽어 주었다. 우리 반 수홍이가 얼마 전에 쓴 시다.

알탕

맛있는 저녁을 먹는다.

알탕이다.

알은 오독오독 씹히고 고기는 부드럽다.

국물은 빨갛고 매콤하고 뜨끈하다.

거기에 밥까지 먹으면

거기에 국물도 먹으면

엄청 매콤하고

거기에 콩나물을 먹으면 그야말로 왕왕 꿀 조합.

따뜻한 알탕엔 밥 한 공기가 뚝딱

둘이 먹다 둘이 죽어도 하느님도 모르는 일.

나는 배가 부른 채로 푹신한 이불에서 꿀잠을 잔다.

드르렁 쿨.

이번에는 순서를 바꿔서 방금 문제를 푼 아이들에게 임길택의 시 「저녁 한때」(『할아버지 요강』, 보리 1995)를 내밀었다. 아이들이 시의 소재들을 소리로 표현했다. 가림막 너머의 아이들은 귀 기울여 듣기 시작했다.

『할아버지 요강』

"보글보글보글……."

"톡톡톡톡톡……."

"화르르륵화르르륵."

막 너머의 아이들한테 물었다.

"어디일까?"

아이들이 아무렇게나 대답했다.

"국밥집요."

"바다요."

"화장실."

이번에도 나는 정답을 말하는 대신 시를 천천히 읽었다. 이번 시간에 아이들과 같이 읽을 시다.

저녁 한때

뒤뜰 어둠 속에
나뭇짐을 부려 놓고
아버지가 돌아오셨을 때
어머니는 무 한 쪽을 예쁘게 깎아 내셨다.

말할 힘조차 없는지
무쪽을 받아든 채
아궁이 앞에 털썩 주저앉으시는데
환히 드러난 아버지 이마에
흘러난 진땀 마르지 않고 있었다.

어두워진 산길에서
후들거리는 발끝걸음으로
어둠길 가늠하셨겠지.

불 타는 소리
물 끓는 소리
다시 이어지는 어머니의 도마질 소리
그 모든 소리들 한데 어울려
아버지를 감싸고 있었다.

—「저녁 한때」 전문

아이들이 모두 한자리에 모여서 돌아가며 한 연씩 읽고, 눈 감고 한
줄씩 읽었다.

의자 하나를 앞에 놓고 아이들에게 물었다.

"아버지 역 해 볼 사람?"

윤서가 앞으로 나와 의자에 앉았고, 다른 아이들이 질문을 시작했다.

"나무 벨 때 힘들었나요?"

윤서가 대답했다.

"땀 많이 흘렸어. 젖 먹던 힘까지 냈어."

"왜 나무를 해요? 연탄 때면 되잖아요."

"산골이라 연탄이 없어."

"왜 아궁이에 불을 때서 밥을 해요? 전기밥솥으로 하면 되는데?"

"이곳은 아직 과학 기술이 발전하지 않아서 전기밥솥이 없어."

"옷은 왜 떨어진 거 입어요?"

"돈 있으면 우리 애들 먹을 거 사야지. 옷은 아무거나 입으면 되고."

"왜 아들은 일 안 시키고 아빠 혼자 일해요?"

"애들이 아직 어려서. 응애응애 기어 다녀. 막내가 한 살인데."

"집에 식구들은요?"

"아내가 있고 아들 셋에 딸 하나."

"왜 밤늦게까지 나무를 했나요?"

"......."

질문을 주고받는 동안 시의 분위기, 배경, 인물의 얼굴이 아이들 머릿속에 하나하나 자리 잡게 되었을 것이다.

"각자 이 시에 나오는 무언가가 되어 보세요."

주인공 역할을 맡은 윤서가 무대 한 귀퉁이, 산에서 영차영차 나무를 하기 시작했다. 나머지 아이들은 이 시에 등장하는 나무, 도마, 아궁이, 솥, 별, 개, 새 따위가 되어 각자의 자리에 가서 멈췄다. 별이 된 아이는 의자 위에 올라가서 휴대폰으로 불빛을 냈고, 개는 뒤뜰 마당에 엎드려

왕왕 짖었고, 부엌 아궁이가 된 아이는 손가락을 구부렸다 폈다 올렸다 내렸다 하며 화르르륵 불을 태웠다.

영차영차 나무를 베던 아버지가 후유 하고 땀을 한 번 닦은 다음, 베어 낸 나무를 지게에 올리고 일어섰다. 나뭇짐을 지고는 어두운 산길을 후들후들 떨면서 걷다가 첫 번째 사물 앞에서 멈춰 섰다. 3초 뒤, 의자 위에 높게 뜬 별이 소리를 내기 시작했다.

"쉬이익 쉬이익 호으으으 반짝반짝반짝. 길이 어두워. 넘어질라. 내가 너의 길이 되어 줄게."

아버지가 나무를 지고 가는 동안 별이 된 아이가 휴대폰 불빛으로 길을 비추어 주었다. 허리를 숙인 채 걸어오던 아버지가 뒤뜰에 털썩 나뭇짐을 내려놓았다. 3초 뒤에 강아지가 짖기 시작했다.

"왕왕왕. 왜 이렇게 늦었어. 힘들었지? 얼른 들어가서 쉬어."

부엌으로 들어선 아버지가 도마 앞에 멈춰 섰다.

"톡톡톡톡톡. 수고했어. 이거, 무 먹어."

아버지가 솥을 건드렸다.

"보글보글 뽁뽁뽁. 이젠 좀 쉬어. 내가 맛있는 음식 해 줄게."

아버지가 부엌 바닥에 주저앉았다. 그 순간 모든 사물이 한꺼번에 소리를 내기 시작했다.

"활활활활."

"반짝반짝."

"호으으으."

"톡톡톡톡."

사물들은 소리를 내며 아버지를 감싸듯 천천히 다가와 멈췄다. 멈춘 상태에서 각자 위로가 되는 대사를 되풀이했다.

"힘들었지? 고마워."

"고생했어. 이제 쉬어."

"6년 동안 고생했어. 졸업 축하해."

'졸업 축하'라는 말은 왜 나오는지……. 이제 며칠 뒤면 초등학교 생활을 마치는 아이들한테는 위로의 말인가 보다. 다 같이 얼음, 하고 사진을 찰칵 찍었다. 그리고 모여 앉아 시에 대해 한마디씩 하고 수업을 마쳤다.

"위로의 힘은 매우 강력해요."

"매일 힘든 몸을 이끌고 일하지만, 가족들의 위로가 있어서 견디는 것 같아요."

"아버지는 행복할 것 같아요. 힘들 때 어머니가 무 깎아서 주고, 솥에서 물 끓는 소리, 아궁이에서 불타는 소리가 아버지를 위로해 주니까요."

"우리 아빠도 맨날 힘들게 일하는데 전 아빠가 오실 때 휴대폰만 한 거 같아요."

"6년 지내면서 저도 친구들한테 많은 위로를 받은 것 같아요."

위에서 소개한 활동들은 '시로 연극하기'가 아니라 어디까지나 '연극으로 시 읽기'다. 연극은 시에 머무르게 하는 도구일 뿐, 각자 자기 의견을 내면서 참여하고, 몸짓으로 표현하는 내내 시 한 편을 붙잡고 있는 것이 수업의 중심이다.

처음 연극을 해 보는 선생님이라면 위에 소개한 수업 사례가 복잡하고 어렵게 느껴질 수 있다. 그렇다면 아주 간단하고 짧은 시부터 도전해 보시라. 프랑스 작가 쥘 르나르(Jules Renard)의 「뱀」은 어떤가.

'너무 길다.'

네 글자가 전부이니까.

"너무 길다, 뭐가?"

아이들한테 물으면 온갖 대답이 나오겠지.

"부모님 잔소리요."

"꼬끼오 우는 닭 울음소리요."

지루한 공부 시간, 바닥을 꾸물꾸물 기어가는 애벌레, 돌담에 벗어 놓은 뱀 허물, 문간에서 신발을 챙겨 신는 발 많은 노래기 따위. 아이들은 자기가 생각해 낸 '너무 긴 것'을 몸으로 표현할 테고, 그러는 동안 시 한 편을 온통 간직하게 될 것이다.

엄마가 아이에게 "사과." 하는 심정으로 아이들에게 시 한 편 건네 보시길 바란다. 그리고 연극으로 시 안에 머물러 보시길 바란다. 거울 뒷면의 세계, 보이는 것 너머의 세상이 펼쳐질 것이다.

칙칙폭폭 인형극단의 인형 놀이

1. 노랑이와 백곰

2019년 8월 18일, 오랜만에 춘천인형극제에 참가했다.

"우리는 그냥 즐기러 온 거야."

"맞아, 연습하는 거 재미있었으니까 됐어."

"근데 우리 대상 탈 거 같지 않아?"

"우리가 잘하긴 하지?"

아이들은 대회 시간이 다가오자 끝도 없는 수다로 긴장을 풀었다. 인형극 극장에 도착해 지하 연습실에서 리허설을 했다. 완벽하다는 이모, 삼촌의 칭찬에도 6학년 아이들은 동생들과 함께 연습 때 실수했던 부분들을 계속 점검했다. 2인 1조로 꾸미는 관절 인형극에서는 호흡을 맞추는 것이 가장 중요하다. 물론 둘의 호흡만으로 인형극이 완성되는 것

▌ 김중미 동화작가. 동화 『괭이부리말 아이들』『행운이와 오복이』『꽃섬 고양이』, 청소년소설 『모
▌ 두 깜언』 등을 썼다.

칙칙폭폭 인형극단 연습 장면

은 아니다. 주인공뿐 아니라 소품, 무대, 음향까지 모두 아귀가 맞아야
만 한다. 그래서 처음에는 초등부끼리 관절 인형극이 가능할지 의구심
이 들었다. 그동안 춘천인형극제 아마추어 공연에는 중·고등학생과 대
학생이 함께 만든 '칙칙폭폭 인형극단'으로 참가해 왔다. 지금까지 받
은 상들은 대상과 최우수상 모두 성인 부문에서 받았었다.

　이번에 참가한 인형극 「노랑이와 백곰」은 기찻길옆작은학교의 정기
공연에서 청소년과 청년이 공연했던 작품이다. 정기 공연을 위해 『꽃섬
고양이』(창비 2018)에 수록된 단편 「꽃섬 고양이」와 「안녕, 백곰」을 엮어
인형극용 희곡으로 새로 썼다. 20년 넘게 인형극을 해 왔지만 동물이 주
인공인 인형극은 처음이라 인형을 제작하는 데만 두 달이 걸렸다. 고양
이가 유연하고 섬세한 동작을 가진 동물이라 제작이 여간 까다로운 게
아니었다. 여러 번의 시행착오 끝에 만들어진 '노랑이' 인형과 그 인형
을 조작한 청년들 덕분에 2019년 4월에 열린 정기 공연에서 「노랑이와

백곰」은 큰 호응을 얻었고, 그 덕분에 춘천인형극제 아마추어 공연에 나갈 용기가 생겼다.

인형과 연출, 무대, 소품이 모두 준비된 상태였지만 초등부 아이들은 관절 인형을 조작해 본 경험이 전혀 없었다. 그래도 6학년과 5학년 아이들이 동생들과 유대감이 있고 리더십도 있는 편이라 모험을 해 보기로 했다. 오디션을 해서 근력과 재치가 있는 아이들은 인형의 머리를 조작하고, 차분하고 순발력이 있는 아이들이 다리를 조작하기로 했다. 그러다 보니 머리 조작은 6학년이, 다리 조작은 5학년과 4학년이 맡았다. 3학년 다섯 명은 모두 소품을 준비하기로 했다.

연습 기간은 석 달 남짓. 아이들의 연령과 수준을 고려해 인형극 상연 시간을 40분에서 20분으로 줄였다. 우선 대본을 익힐 겸 목소리 연기 연습부터 하고, 연습을 거듭한 끝에 대본 녹음까지 마쳤다. 그리고 녹음한 음향에 맞춰 인형 조작 연습을 시작했다. 정기 공연 때는 무대에서 인형 조작에 맞춰 성우가 직접 연기하지만, 초등부로만 구성된 인형극이라 미리 녹음을 했다.

학기 중에는 일주일에 한 번씩 한 시간 반 동안 연습하고, 여름 방학 때는 일주일에 두 번으로 횟수를 늘렸다. 연습 첫날에는 인형 조작은커녕 똑바로 서 있는 동작도 표현하지 못하던 아이들이 한 달쯤 지나자 손을 떨지 않고 인형을 움직이기 시작했다. 앉거나 걷는 동작도 가능했다. 두 달이 지나자 인형의 몸짓에 감정을 담았다. 인형극이 처음인 것은 마찬가지인 고학년 아이들은 자기 역할만 하지 않고, 힘들다고 투덜거리거나 잘 따라오지 못하는 동생들을 달래고 추어주며 연습을 이끌어 갔다. 다리 조작을 맡은 아이들은 무릎을 꿇은 채 어깨를 최대한 좁히고 있어야 하는데 그걸 견디는 아이들의 모습이 놀라웠다. 아이들은 청소년이나 청년보다 더 빨리 노랑이나 백곰, 그리고 산이 인형에 동화되었

「노랑이와 백곰」 연습 장면

다. 형, 누나 들보다 근력과 집중력은 부족해도 감정은 더 풍부했다.

오디션을 하고 나서 주인공인 산이나 노랑이, 백곰을 맡지 않은 아이들은 자신의 역할 비중이 적어 섭섭해하기도 했다. 그런데 연습하는 과정에서 작은 역할이라도 그 책임까지 작은 것은 아니라는 사실을 깨달아 갔다. 조금 나오든 많이 나오든 20분짜리 인형극에서는 어느 하나 중요하지 않은 역할이 없었다. 소품을 맡은 3학년 아이들도 6막에서 눈사람을 3초 만에 무대 위에 놓는 일이 얼마나 힘든지, 백곰의 밥그릇을 때맞춰 무대 위로 올리는 일은 얼마나 중요한지를 알아 갔다. 산만한 개구쟁이들 다섯이 캄캄한 무대 뒤에서 손전등을 켜 놓고 대본을 점검하며 소품을 챙기는 모습은 감동적이기까지 했다.

대회가 시작되고 우리 차례가 되어 무대로 올라간 아이들은 서로의 어깨를 두드려 주며 긴장을 풀었다. 큰 실수가 있을까 봐 마음을 졸였으나 아이들은 실수 없이 20분짜리 인형극을 훌륭하게 완성했다. 무대에

「노랑이와 백곰」 공연 장면

서 내려온 아이들의 얼굴에서 빛이 났다.

"형, 내가 우산을 비뚜로 놨어."

"나는 어떻고. 화분 놓는 거 깜박해서 늦게 놨어."

"인형 손이 빠져서 티 날까 봐 꽉 잡고 했어."

"너희 그거 알아? 수정이가 한 번도 안 틀렸어. 기적이야."

"노랑이는 진짜 신의 경지야. 예담, 예서의 호흡은 환상이야."

아이들은 서로 자잘한 실수들을 고백하고 또 서로를 칭찬하고 격려
했다. 서로 얼싸안으며 모두 한마음으로 이뤄 낸 성취에 행복해했다. 아
이들은 인형극을 통해 서로의 존재를 느끼고 그 관계 속에서 자신감을
얻었다. 그것만으로도 우리의 모험은 충분한 가치가 있었다.

완벽했던 공연인 만큼 어린이 부문 최우수상을 받고, 무대미술상, 연
기상까지 휩쓸었다. 심지어 춘천인형극제에 당장 초청해도 무색하지
않을 작품이라고 칭찬까지 받았다.

2. 기찻길옆작은학교의 칙칙폭폭 인형극단

기찻길옆작은학교의 인형극은 나름대로 역사가 깊다. 처음에는 자신의 이야기를 잘 하지 못하는 아이들과 대화하기 위한 놀이였다. 주로 교사와 아이가 일대일로 종이 인형을 앞세워 마음속 이야기를 나눴다. 그러다 자신들의 이야기를 모아 장갑 인형, 털실 인형, 헝겊 인형으로 짧은 인형극을 만들며 놀았다. 1994년 네 번째 정기 공연을 준비하던 대학생 자원 교사가 인형극을 공연 무대에 올려 보자고 제안했다. 우리는 그림책『토끼와 거북이와 늑대』(보리 글, 박경진 그림, 웅진출판 1990)를 각색해 인형극을 만들었다. 인형은 봉제 노동자이던 공부방 어머니들이 만들어 주었다. 무거운 솜 인형을 조작할 수 있게 하느라 고생했지만 시각적으로 훌륭한 인형극이 탄생했다. 정기 공연에서 호응을 받은 우리의 첫 인형극은 이듬해 연세대학교에서 열린 빈민문화제에 초대되었다. 난생처음 천 명이 넘는 사람들 앞에서 공연한 아이들에게 인형극은 세상으로 통하는 문이 되어 주었다.

그때까지 우리나라에서 공연되는 인형극은 유아들을 대상으로 한 캠페인 성격의 인형극이나 기독교 선교 인형극이 많았다. 우리는 그런 교훈적인 인형극보다는 무대 예술로서의 인형극을 해 보고 싶었다. 옛날부터 지역 공동체나 남사당에서 공연되던 꼭두 인형극처럼 민중의 삶과 목소리를 담은 인형극을 만들고 싶었다. 처음에는 전설이나 신화를 현대에 맞게 각색해서 무대에 올렸다. 인형극의 매력을 알게 될수록 막대 인형의 제약이 크게 느껴져 섬세한 동작이 가능한 인형이 있으면 좋겠다고 생각했다.

때마침 2000년부터 러시아, 체코, 독일, 일본, 중국, 오스트리아, 스페인의 인형극단이 자주 내한 공연을 했다. 『괭이부리말 아이들』(창비

장구 치는 인형 　　　　　「길, 동무, 꿈」 인형극 장면

2000) 인세 덕분에 살림이 잠시 넉넉했던 때라 청소년, 청년 들과 함께 그 인형극을 보러 다녔다. 그중 가장 인상적인 작품은 체코 극단의 창작 인형극이었는데 전통 마리오네트 인형이 아닌 관절 인형극이었다. 관절 인형은 마리오네트보다는 덜 섬세하지만 사람의 움직임을 거의 비슷하게 흉내 낼 수 있고 다양한 무대 연출이 가능해 보였다. 공연이 끝난 뒤 우리는 용기를 내서 대기실로 찾아갔다. 서툰 영어로 우리 극단을 소개하고 관절 인형을 만들고 싶다고 말했다. 체코 극단은 우리에게 만드는 법을 가르쳐 줄 수는 없지만 사진은 찍어도 된다고 했다. 우리는 체코 극단의 인형을 꼼꼼하게 찍어 와 사진을 보며 관절 인형을 만들어 보았다. 솜씨 좋은 사람들이 많아서 인형은 그럴싸하게 흉내 냈으나 그 인형을 어떻게 움직여야 하는지는 알 수 없었다. 여러 번의 시행착오 끝에 사람들이 걷고 앉고 서는 자세를 관찰하며 인형을 조작하기 시작했다. 사람의 미세한 움직임을 관찰하다 보니 동작을 얼추 비슷하게 흉내 내게 되었다. 그리고 한 달쯤 지나자 인형을 춤추게 하는 것도 가능해졌다. 그때부터 고등부 아이들이 먼저 춤 동작을 보여 주면, 음악에 맞춰

똑같이 인형을 조작하기를 되풀이했다. 드디어 마이클 잭슨의 문워크(moonwalk) 춤과 장우혁의 팝핀(popping) 동작을 흉내 낼 수 있게 되었다. 욕심을 더 부려 장구를 치고 공 위에서 재주를 부리는 동작까지 가능해졌다.

우리는 그 인형을 가지고 우리 신화의 소재들을 빌려 와 「길, 동무, 꿈」이란 창작 인형극을 만들었다. 「길, 동무, 꿈」은 우리의 이야기였고, 우리의 꿈이었다. 장마철에 에어컨도 없는 좁은 공부방에서 습기, 더위와 싸우며 이모, 삼촌, 아이 들이 함께 만든 「길, 동무, 꿈」으로 춘천인형극제 아마추어 공연에 나가 대상을 받았다.

2010년, 인천 아트플랫폼의 이승미 관장에게 워크숍 프로그램을 만들어 보자는 제안을 받았다. 15년 넘게 인형극을 해 온 우리의 경험을 살려서 문화 예술 활동의 기회가 부족한 농촌이나 섬 지역 어린이들에게 나눠 주자는 취지였다. 기찻길옆작은학교의 칙칙폭폭 인형극단을 꾸려 가는 주축인 청년들과 의논한 결과, 우리 인형극을 통해 좀 더 많은 사람이 즐거워하고 마음을 치유하면 좋겠다는 결론을 내렸다. 기찻길옆작은학교의 정기 공연 무대에 인형극을 올리기까지는 보통 5개월 정도의 시간이 걸린다. 첫 두 달은 기획 회의를 해서 주제를 정하고, 대본을 쓰고, 그 대본을 칙칙폭폭 인형극단 구성원들과 계속 논의하며 고친다. 동시에 연출 대본이 만들어지면서 등장인물에 따라 인형을 만들고 소품을 준비하는 등 인형극 무대를 완성해 간다. 그리고 남은 석 달 동안 성우와 조작 배우 들이 연습해 한 작품을 완성한다. 우리는 그 과정을 압축해 25시간짜리 인형극 워크숍 프로그램을 만들었다.

기찻길옆작은학교의 인형극단은 공부방을 다닌 청소년과 청년으로 구성되며, 해마다 오디션을 통해 초등학교 고학년이 새로운 단원으로 들어온다. 극단에 들어오기 전부터 이미 서로 잘 알고 지내는 사이지만,

마음의 벽 허물기

새 인형극을 만들다 보면 의견이 충돌하고 갈등이 생긴다. 인형극은 혼자가 아닌 여럿이 함께 완성하는 예술이므로 서로 이해하고 친해지는 과정이 꼭 필요하다. 그래서 인형극 워크숍의 1단계는 참여자들끼리 친밀감을 형성할 수 있도록 연극 놀이를 하기로 했다. 2단계에는 인형극 대본을 쓰기 위한 글쓰기 시간을 가졌다. 워크숍에서 만드는 인형극의 내용은 참여하는 아이들의 이야기로 함께 만들어 억눌린 감정을 해소하고 협동심도 느낄 수 있도록 했다. 3, 4, 5단계는 실제 인형극을 만드는 과정으로 구성했다.

아트플랫폼에서 한 첫 번째 인형극 워크숍은 우리가 예상했던 대로 농촌이나 섬 지역 아이들이 아니라 인천 지역의 평범한 초등학생들을 대상으로 했다. 우리가 해 온 인형극을 문화 예술 교육이 부족한 소외 지역에서 나눈다는 생각으로 워크숍 프로그램을 만든 청년들은 실망했다. 그러나 인형극 워크숍을 하고 나서는 청년들이 모두 한목소리로 말했다.

"아이들이 다 가여워. 다 억눌려 있고 외로워해. 인형극 워크숍이 필요한 아이들이 따로 있는 게 아니야."

첫날 만난 아이들은 대부분 긴장해서 몸이 굳어 있었고, 마음의 벽을 치고 경계했다. 서로 소개하는 시간을 가진 뒤 시작한 연극 놀이에서도 소극적으로 참여했다. 대학생인 인형극단 청년들이 아이들 사이사이로 들어가 적극적으로 함께하자 다행히 아이들이 조금씩 몸을 움직였다. 그렇게 온몸이 땀에 젖도록 두 시간쯤 놀고 나니 긴장된 근육이 풀리고 얼굴도 밝아졌다. 아이들은 옆에 선 아이의 손을 잡고, 마주 보고 웃기도 했다.

워크숍에 참여한 아이들은 대부분 마음껏 뛰어놀아 본 경험이 없었다. 남학생들은 점심시간이나 방과 후에 축구라도 해 본 적이 있지만 여학생들은 운동장을 남학생들만의 공간이라고 생각할 정도로 몸을 움직이며 놀아 본 기억이 없었다. 아이들이 몸을 움직여 노는 시간은 학교 체육 시간과 학원이나 스포츠 센터에서 태권도, 발레, 수영처럼 프로그램화된 운동을 하는 경우가 전부였다. 경제적인 사정으로 그마저도 하지 못하는 아이들에게는 스마트폰이나 컴퓨터 게임이 가장 만만한 놀이였다.

내가 어렸을 때는 학교에 갔다 와서 숙제만 해 놓으면 나머지는 다 놀이 시간이었다. 동네 친구들과 소꿉놀이, 공놀이, 고무줄놀이 등을 하다가 시들해지면 산으로 들로 나가 놀고, 날이 어둑해져야 들어왔다. 날이 저물어 밖에 나갈 수 없을 때면 집에서 책을 읽거나 종이 인형을 가지고 놀거나 소꿉놀이를 했다. 소꿉놀이는 역할놀이이자 연극 놀이였다. 우리는 놀면서 또래 집단의 규칙과 규율을 배웠다. 또 관계를 맺고 그 관계를 이어 가는 법도 배웠다. 그런 경험이 없는 아이들은 인형극 워크숍을 하러 와서 내리 놀기만 하는 것에 놀라고 더러는 불안해하기까지 했다.

둘째 날 하기로 한 글쓰기 시간은 걱정이 많았다. 첫날 몸을 움직여 노는 것도 낯설어했던 아이들이 자기 이야기를 털어놓기는 쉽지 않을 터였다. 먼저 모둠별로 학교생활이나 시험, 성적에 대한 스트레스, 친구나 가족 관계에 대해 이야기를 나눴다. 인형극단 청년들은 자신들의 어릴 적 경험을 이야기하면서 아이들의 이야기를 끌어냈다. 그다음에는 아이들이 기억과 느낌을 되살릴 수 있도록 예시 글을 읽어 주었다. 아이들은 곧 바닥에 엎드려 글을 써 내려가기 시작했다. 엄마 아빠의 잔소리, 시험과 공부에 대한 스트레스, 왕따 가해자로서 혹은 방관자로서 드는 죄책감, 원활하지 않은 친구 관계, 선생님과의 갈등, 옷과 스마트폰에 대한 욕망 등 대부분 평범하고 사소한 이야기지만 아이들의 기질이나 처한 상황에 따라 갈등이 주는 압박이 서로 달랐다. 아이들은 "시험 성적에 따라 괴물이 되었다, 천사가 되었다" 하는 부모를 두려워하면서도 지지와 인정을 바랐다. 친구와의 갈등이나 따돌림에 대해서도 다양한 반응을 보였다. "나도 당했으니까 한 번쯤 그래도 될 것 같아서" 혹은 "친구들이 나도 안 놀아 준다고 해서" 친구를 따돌렸다고 고백하고, "불쌍한 왕따 친구 편을 들지 못해 마음이 아프다." "우리 반의 중심파인 나는 이중인격자다."라며 죄책감을 드러내기도 했다. 우리는 인형극 워크숍이 단순한 문화 예술 활동이 아니라 아이들의 굳은 몸과 마음을 푸는 치유의 시간이 될 것 같은 예감을 느꼈다.

3. 칙칙폭폭 인형극단의 인형극 워크숍

2011년 첫 인형극 워크숍 이후, 방학 때면 아트플랫폼뿐 아니라 인천의 초등학교 상담 교실, 복지 학급, 방학 방과 후 교실 등에서 인형극 워크숍을 열었다. 또 보육 시설, 노인 복지관, 하자센터, 교사 대상의 워크숍 등 성인을 대상으로 한 다양한 인형극 워크숍도 하게 되었다. 어느 곳을 가든 똑같은 아이들, 똑같은 어른들은 없었지만, 그들이 겪고 있는 아픔은 크게 다르지 않았다. 관계의 단절, 소통의 부재는 어디서나 들을 수 있는 식상한 말이지만 아이, 어른 할 것 없이 누구에게나 공통적으로 나타나는 현상이었다. 인형극이나 연극은 모노드라마가 아닌 이상 함께하는 이들의 소통이 없으면 할 수 없다. 우리는 인형극 워크숍을 단순한 연극 수업이 아니라 참가자들이 인형을 매개로 마음을 나누고, 각자의 억눌린 감정을 쏟아 낼 수 있도록 기획했다. 또 관계를 통해 서로를 인정하고 존중받는 경험도 할 수 있도록 프로그램을 구성했다. 인형극 워크숍을 진행하는 현장과 구성원에 따라 워크숍의 성격이나 질 측면에서 결과가 조금씩 달랐지만 참여자 대부분이 즐거워했다.

아래는 칙칙폭폭 인형극단이 진행하는 워크숍의 기본적인 프로그램이다. 기본 프로그램을 바탕으로 인형극 워크숍의 대상, 장소, 시간, 기간 등의 조건에 따라 내용이 조금씩 달라지기도 한다.

• 1단계: 몸으로 친해지기

서로 친해지기 위해 몸과 마음을 여는 연극 놀이로 시작한다. 인형극은 구성원끼리의 협력이 아주 중요하다. 연극 놀이도 다양한 모둠을 만들어 몸을 활발히 움직이는 놀이를 많이 한다. 인형극은 인형으로 감정과 행동을 표현해야 하므로 슬픔, 기쁨, 외로움, 수줍음, 분노 등의 여러 가지 감정을 이해하고 표현할 수 있어야 한다. 몸짓으로 감정을 표현하거나 상황을 설명하는 놀이를 하기도 하고, 상자 속에 있는 물건이 무엇인지 모르는 채로 상상해서 상자와 관련된 에피소드를 만들어 내기도 하고, 서로 연결성이 없는 낱말 몇 개로 상황을 연출하는 놀이를 하기도 한다. 모든 놀이는 모둠별로 진행한다. 그렇게 하다 보면 아이들 간의 경계가 허물어지고 소통이 이루어지고 저절로 친교가 이루어진다.

제시어를 몸으로 표현하기(팬터마임), 낱말 맞추기, 이구동성 놀이, 몸으로 계절 표현하기, 몸으로 사물 표현하기, 탑 쌓기, 쥐와 고양이 놀이, 풍선 놀이, 그물 잡기, 무궁화꽃이 피었습니다, 술래잡기, 꼬리잡기, 새 날아 둥지 날아 놀이 등 기존의 공동체 놀이를 다양하게 변주한다.

• 2단계: 마음을 여는 글쓰기

인형극 대본의 기초가 될 글쓰기를 한다. 글쓰기의 주제는 참여하는 학생들 상황에 맞춘다. 초등학교에서 하는 워크숍은 주로 학교생활에서 주제를 찾는다. 공부나 성적에 대한 압박, 학교 폭력, 친구 관계, 따돌림 등이 소재가 된다. 대상에 따라 가족이나 꿈이 소재가 되기도 한다. 글을 쓰기 전 아이들이 자신의 경험에서 기억과 느낌을 되살릴 수 있도록 예시 글을 읽어 주고 이야기를 풍부하게 나눈다. 자신의 이야기를 끌어내는 데 어려움을 겪는 아이들에게는 질문을 더 해 주고 마음을 읽어 준다. 억지로 이야기를 끌어내려 하기보다는 아이들이 툭툭 던지듯 내어놓는 낱말이나 문장을 통해 생각을 확장해 나가도록 돕는다. 인형극 워크숍을 학교가 아닌 시설이나 청소년 센터에서 하는 경우에는 대상에 맞는 그림책을 매개로 글쓰기를 한다. 주로 읽어 주는 그림책은『뛰어라 메뚜기』(다시마 세이조, 보림 1996), 『프레드릭』(레오 리오니, 시공주니어 1999)『소피가 화나면, 정말 정말 화나면』(몰리 뱅, 책읽는곰 2013), 『눈물바다』(서현, 사계절 2009), 『푸른 개』(나자, 파랑새 1998) 등이다.

글을 쓸 때는 맞춤법, 띄어쓰기를 무시해도 좋으니 가슴에 맺혀 있거나, 머릿속에 꼭꼭 숨겨 두었던 이야기를 기억해 써 보라고 한다. 인형극 워크숍을 하면서 가장 놀라웠던 점은 아이들이 집에서나 학교에서 속마음을 터놓고 이야기해 본 적이 거의 없다는 것이었다. 특히 학교에서 인형극 워크숍을 진행할 때, 복지 대상자나 자기 주도 학습 대상자, 혹은 상담 교실 학생이 참여하는 경우가 많은데 이런 아이들은 소통에 더 어려움을 겪었다.

가슴에 맺힌 것을 풀어야 아이들의 마음이 자란다. 응어리가 많은 아이일수록 자신의 이야기를 들어 줄 상대가 자기에게 온전히 열려 있는지, 어떤 편견도 없이 이야기를 들어 줄 준비가 되어 있는지 예민하게 감지한다. 그런데 어딜 가나 바쁜 사람들뿐이고, 어른이든 아이든 스트레스에 짓눌려 있어 타인의 말에 귀 기울여 줄 여유가 없다. 청소년이나 노인 역시 외로워하기는 마찬가지다. 심지어 교사 대상 인형극 워크숍 때도 소통의 어려움이 드러난다. 그래서 인형극 워크숍에서는 글을 쓰기 전에 대화를 충분히 나눈다.

아이들이 쓴 글들은 모둠별로 모아 칙칙폭폭 인형극단의 청년들과 함께 대본을 구성한다. 모둠 아이들의 이야기가 골고루 배치되도록 하고, 아이들의 글을 바탕으로 결말을 구성한다. 보통 한 모둠당 대여섯 명씩 있기 때문에 모둠별 공연 시간은 10분 정도가 적당하다. 글이 넘치더라도 15분을 넘지 않도록 짜는 것도 요령이다.

자신의 글을 바탕으로 짠 대본을 받아 든 아이들은 대부분 만족한다. 모두 주인공이 되기 때문이다. 그러나 가끔 자신의 이야기가 구체적인 인물과 대사로 드러나게 되면 겁을 먹는 아이도 있다. 그 대본이 인형극으로 완성되면 친구들이나 부모가 연극 공연을 보러 왔을 때 자신의 속마음을 알게 될까 봐 두렵기 때문이다. 그럴 때 자신의 이야기를 여러 사람과 나누는 것도 용기라는 말을 해 주지만 완강하게 거부할 때는 대사를 조정한다.

• 3단계: 인형 만들기

모둠별로 대본을 읽고 연출 대본을 함께 만든다. 인형극 제목도 같이 정한다. 자기 대사를 직접 읽어 보면서 어색한 문어체는 자연스러운 구어체로 바꾸고, 아이들의 의견에 따라 대사의 내용을 가감하기도 한다. 장면을 구체적으로 떠올리며 어떤 소품과 효과

인형 만들기

음을 활용할지도 의논한다. 3단계가 되면 아이들끼리 어느 정도 친해지기 때문에 대본 토론도 원활하게 진행된다.

연출 대본이 만들어지면 대본 속 인물과 어울리는 인형을 만든다. 물론 그 인물은 자기 자신이다. 아이들과 쉽게 인형을 만들기 위해 광목으로 인형을 만든다. 바느질은 미리 해 가서 아이들이 솜을 넣도록 한다. 인형에 솜을 넣을 때는 서로 친밀감이 형성된 뒤라 학교 이야기나 친구들 이야기를 편하게 나누며 작업한다. 그러나 인형을 만드는 데 의외로 집중력과 인내가 필요하기 때문에 힘들어하기도 한다.

아이들이 가장 힘들어하는 작업은 한국화 물감으로 인형 옷을 그려 넣는 과정이다. 한국화의 특성을 설명해 줘도 물감을 욕심껏 묻혔다가 천에 물감이 다 번져 엉망으로 만들기도 한다. 더러는 물감이 번져 인형이 더러워졌다고 짜증을 내는 아이들이 있다. 인형 옷에 색이 좀 섞이거나 밑그림과 다르게 그려졌다고 실패라고 여기는 아이들을 볼 때면 안타깝다. 그러나 대부분은 색이 번지고 더러워지기도 한 인형에도 금세 감정 이입을 한다. 신기하게도 인형 얼굴은 항상 만든 사람과 똑 닮았다.

• 4단계: 인형극 완성하기

연출 대본에 따라 필요한 소품을 만든다. 소품은 한지에 한국화를 그린 뒤 두꺼운 도화지에 붙이는 방식으로 꾸민다. 소품이 완성되면 인형 조작을 연습하고 목소리를 녹음한다. 목소리 녹음은 방음이 잘되는 곳에서 해야 한다. 학교에서 할 때는 주로 방송실을 이용한다. 목소리를 녹음할 때 아이들은 가장 긴장하면서도 전문가라도 된 양 우쭐해진다. 때로는 대여섯 번씩 다시 녹음해야 하는데, 짜증을 내기보다 서로 격려하며 기다려 주는 경우가 많다. 한여름에는 소음 때문에 에어컨도 켜지 못하고 녹음을 하는데 아이들은 그 시간을 견디어 낸다. 그렇게 녹음이 완성되면 인형극단 청년들이 효과음과 음악을 넣고 대화의 길이를 조절하는 편집 과정을 거쳐 녹음 파일을 완성한다.

• 5단계: 공연하기

보통 세 모둠으로 진행하기 때문에 총 공연 시간은 30분 정도면 충분하다. 칙칙폭폭 인형극단의 워크숍에서는 아이들에게 성취감을 느끼게 하기 위해 그동안의 워크숍 활동을 담은 동영상을 3분짜리로 만들어 공연 전에 상영한다. 가족이나 친구들, 선생님들이 관객으로 와 있어서 긴장하는 아이들이 활동 영상을 보면 얼굴이 펴지고 밝아진다.

인형극을 보고 난 부모님들은 미처 몰랐던 아이의 마음을 알게 되었다고 반성하고, 때로는 눈물도 짓는다. 교사들은 교실에서 드러나지 않았던 아이의 상처나 장점을 발견하기도 한다. 몇 년 전 한 초등학교에서는 학습 속도를 따라가지 못하거나 학교생활에 어려움을 겪어 위축되어 있는 학생들을 대상으로 인형극 워크숍을 진행하고 개학 날에 맞춰 전교생 앞에서 공연하기도 했다. 친구들 앞에 서는 것을 두려워하던 학생들은 인형을 앞세워 조금 수월하게 자신의 이야기를 펼칠 수 있었다.

인형극 공연을 통해 관객들과 만나면서 서로 공감하는 시간이 된다.

인형극 워크숍이 끝나면 반드시 피드백을 한다. 대부분은 온전히 자신들 힘으로 완성한 인형극에 성취감과 행복감을 느낀다. 나흘이나 닷새 동안 함께한 인형극단 선생님들과 헤어지는 것이 아쉬워서 우는 아이들도 있다.

사례로 든 칙칙폭폭 인형극단의 인형극 워크숍은 자기 이야기를 인형이라는 매개체를 통해 타인들 앞에 드러내는 연극 놀이다. 이미 나와 있는 희곡으로 인형극이나 연극을 하는 경우, 학생들의 상상력을 끌어내는 또 다른 매력이 있다. 학생들은 희곡 속 등장인물이 되어 타인의 입장을 경험해 보며 자기를 확장하고, 타인과의 소통을 배운다. 또 평소의 자기를 벗어나 보는 자유로움도 느낄 수 있다.

인형극은 문학, 미술, 음악, 춤이 결합하는 종합 예술이라는 장점이 있다. 더 큰 장점은 여러 사람과 소통하면서 공동으로 무언가를 완성한다는 것이다. 인형극은 연극의 장점을 그대로 가지고 있으면서 관객 앞에 서는 것을 두려워하는 소극적인 아이들도 부담 없이 연극을 경험하게 한다. 인형극 대본은 창작할 수도 있고, 이미 완성된 희곡이나 동화를 각색할 수도 있다. 대본 만드는 작업을 통해 아이들의 상상력은 풍부해진다. 기찻길옆작은학교는 2020년 30회 기념 정기 공연에서 우리 인형극의 역사를 인형극으로 만들어 보려고 한다. 크기가 다른 관절 인형과 종이 인형, 다양한 소품과 무대 장치를 활용할 계획이다. 인형을 주직하는 배우가 직접 목소리 연기를 하고, 인형과 배우가 한 무대에 오르는 기획도 하고 있다. 이처럼 인형극은 연극보다 더 다체롭게 무대를 꾸밀 수 있어 좀 더 재미있고 창의적인 연극 수업이 될 수 있다.

교실에서 인형극은 다양하게 변주된다. 책걸상이 무대가 될 수 있고, 칠판이 무대가 될 수도 있다. 도화지에 간단한 인형을 그려 짝끼리

1~2분짜리 상황극을 만들어 볼 수도 있다. 길이가 다른 연필이나 모양이 다른 지우개가 인형이 되어 어디에도 없는 인형극이 탄생하기도 한다. 인형극이 더 많은 아이들에게 놀이가 되고, 상상력과 소통 능력을 키워 주는 날개가 되길 바란다.

연극 놀이

── 내가 만난 아이들의 연극 이야기

　서른셋, 나는 배우 생활을 접고 본격적으로 아동청소년극을 공부하기로 마음먹었다. 어느 복지관에서 진행한 초등학생 아이들과의 연극 수업이 그 계기였다. 아이들은 연극 수업을 좋아했고 즐거워했다. 아이들은 왜 연극을 좋아할까? 그때까지만 해도 나에게 연극은 도달하기 어려운 과제처럼 여겨졌다. 예술이란 과업이 어렵고 멀게 느껴졌고 그 앞에서 나는 늘 보잘것없고 부족하고 아직 해결할 것이 많은 존재였는데, 아이들은 그렇지 않았다. 처음부터 원래 하던 놀이처럼 연극을 즐기는 모습이 신기했다. 일말의 의심도 없이 온전히 연극 속으로 뛰어드는 아이들을 보며 도대체 아이들에게 연극은 무엇일까, 나는 왜 이들처럼 즐기지 못했던 걸까, 깊이 생각하게 되었다. 그 질문의 답을 찾고 싶어 연극 공부를 새로 시작하게 된 뒤로 나는 지금까지 아이들과의 연극을 놓지 않고 있다.

▌ **이수연**　부천 산학교, 광명 볍씨학교에서 대안학교 연극 교사로 활동 중이다. 『6학년』 『바람이 불
▌ 어오는 숲에서』(대표 집필) 책을 냈다.

1. 즉흥과 즉흥—이야기 극화

홉스키라 나라엔 사실 마법사가 살고 있었지. 그 마법사는 혼자 깊은 지하 방에 있었어. 홉스키라가 먼저 있었는지, 마법사가 먼저 있었는지 알 수 없을 정도로 오랜 시간 동안 혼자 있었던 거야. 옆 나라 옵스키라가 쳐들어올 것을 알아챈 홉스키라 왕은 마법사를 만나기 위해 천 개의 계단을 내려가 지하의 방문을 두드렸어. 마법사는 왕이 올 줄 알고 기다리고 있었지. 마법사가 문을 열었고, 마법사와 왕은 한동안 서로 마주 보고 서 있었어. 왕은 마법사에게 한 마디도 하지 않았지만, 마법사는 모든 것을 알고 있었지. 이윽고 마법사가 입을 열었어.

"이제 때가 되었나!"

그렇게 말하고 마법사는 나갈 준비를 했지. 마법사의 토끼가 "위험해요!" 하고 경고했지만, 마법사는 계단을 오르기 시작했어. 마치 태양을 처음 보는 것처럼 눈이 부셨지만 마법사는 눈썹 하나 까닥하지 않고 당당히 세상을 마주했어.

—「마법사들」 중에서

동화의 한 장면일까? 아니다. 내가 3학년 아이들과 했던 연극 놀이의 한 장면이다. 보통 '이야기 극화'라고 하는 활동으로, 경우에 따라서는 내레이션 팬터마임으로 부르기도 한다. 이는 교사의 내레이션에 맞추어 학생들이 즉흥으로 연기하며 상황과 장면을 만들어 가는 활동이다. 학생들의 즉흥 연기에 따라 내레이션은 그때그때 수정할 수 있다. 앞서 소개한 활동에서는 내가 '마법사'를 언급하는 순간 마법사를 하고 싶어 하는 아이가 앞으로 나왔다. 이 아이는 마법사가 되었다. 소품이 없어도 상관없지만, 이때 마법사는 검은 천을 망토로 둘렀다. 그리고 '깊은 지하 방'을 언급했을 때, 마법사가 된 아이는 마법사 연기에 돌입했다. 깊은 지하 방에서 마법사는 실험을 하기도 하고 책을 뒤적이기도 한다. 그럼 나머지 아이들은? 지하 방에 있는 무엇이 된다. 그들은 연극 속에 등장하고 참여하고 있는 동시에 작가이자 관객이기도 하다. 내 말에 이야기를 보태기도 하고, 마법사 연기를 관람하기도 한다.

극화 활동에서 이야기는 교사 혼자 만드는 게 아니다. 연기하는 아이들과 구경하는 아이들이 이야기를 이어서 발전시킨다. 연극은 연기하는 아이들이 즉흥적으로 대사를 내뱉으면서 순식간에 다른 상황으로 발전되기도 하고, 연기하던 상황이 일단락되면서 다른 배경이나 인물로 전환되기도 한다. 이 과정을 글로 설명하기란 매우 어려운 일이다. 그 순간의 호흡과 아이들의 행동과 분위기는 말로 표현할 수 없을 만큼 오묘하고 신비롭다. 중요한 사실은 모든 것이 즉흥적으로 이루어진다는 것이다. 이야기의 시작과 끝, 인물, 사건 등 그 어떤 것도 미리 정하지 않은 채 말이다.

어떤 날에는 아이들이 밑도 끝도 없이 갑자기 이야기를 시작한다. 둘러앉아 지난 한 주 동안 어떤 일상을 보냈는지 이야기를 나누다가 느닷없이 한 사람이 화제를 돌린다.

"그날은 바람이 엄청 불었지. 어느 정도였냐면, 교실에 앉아 있는데도 책상이 덜컹덜컹, 의자가 흔들흔들할 정도였지."

그러면 아이들은 마치 약속이라도 한 듯 책상에 앉아 바람에 흔들거리는 움직임을 흉내 내기 시작한다. 그러고는 계속 이야기를 이어 나간다.

"무서워진 아이들은 미친 듯이 집으로 뛰어갔어!"

이렇게 말하면 아이들은 '미친 듯이' 소리를 지르며 교실을 뛰어다닌다.

"그리고 이불 속으로 꼭꼭 숨었어."

그러면 아이들은 즉시 빈 곳을 찾아 숨는다. 나의 말과 아이들의 행동은 곧 하나가 되고, 교실은 우리만의 상상의 공간으로 바뀐다. 아이들의 즉흥적인 대사와 행동이 그다음 장면을 예고하며 현재와 미래가 동시에 진행된다. 이제 아이들은 즉흥에 몸을 맡기기 시작한다. 아이들은 느닷없이 불어온 '바람'에 대해 이야기한다. 갑자기 시작된 이 활동은 「바닷가 마을 아이들」이라는 이야기 극화 활동으로 이어지며 한 학기 동안 계속됐다.

또 나는 종종 이렇게 이야기를 시작하곤 한다.

"나에게 이야기가 있어. 너희는 그 이야기에 대해 질문할 수 있지. 나는 '예.' '아니오.'로만 대답할 수 있어. 시작!"

아이들은 질문을 시작한다.

"그 이야기에 아이가 나오나요?"

"성이 나오나요?"

"거기에 큰 나무가 있나요?"

사실 나에게는 준비한 이야기가 없다. 오직 아이들이 던지는 질문을 들으며 상상을 시작할 뿐이다. 나는 아이들에게 뭔가 있는 것처럼 대답하며 나의 상상 속으로 아이들을 초대한다. 질문을 들으면 아이들의 관심과 호기심이 어디에 있는지를 알게 된다. 나는 아이들의 말과 행동에 관심을 기울이면서 상상의 주파수를 맞춰 간다. 모든 극화 활동은 그렇게 시작된다.

아이들은 이러한 극화 활동에 자기의 삶을 투영한다. 이는 어찌 보면 당연하다. 일상에서 자신의 마음속 이야기를 꺼내는 일은 힘들어하고 방어하지만, 연극 속에서는 훨씬 수월하게 꺼내어 가지고 놀 수 있기 때문이다.

「마법사들」 극화 활동을 하던 당시 학생들 중에는 부모님의 이혼으로 혼란을 겪고 힘들어하던 아이가 있었다. 편의상 '민수'라고 부르겠다. 민수는 수업에 흥미를 느끼지 못하고 무기력하게 앉아 있곤 했다. 잠깐 재밌어하다가도 곧 구석으로 가서 무릎을 끌어 안고 고개를 숙이거나 초점 없는 눈으로 우리를 바라보았다. 그럴 때마다 내 마음은 무거워졌다. 아이에 대한 걱정이야 말해 무엇하랴. 하지만 내가 할 수 있는 것은 연극뿐이었다.

어느 날 우리가 이 이야기를 만들고 마법사가 등장하게 되었을 때, 민수는 마법사 역할을 자청했다. 내가 여러 색깔의 천을 보여 주자 민수는 망설임 없이 검은색을 골랐다. 그리고 자신을 '검은 마법사'라고 명명했다. 이 장면은 검은 마법사가 깊은 어둠 속 자기만의 방에 있다가 드디어 세상 밖으로 나오게 되는 순간이었다. 내가 이 장면을 잊지 못하는 이유는 "이제 때가 되었다!"라는 대사 때문이다. 이것은 민수가 직접 떠올린 대사다. 내가 내레이션으로 "그때 마법사는 이렇게 말했지."라고 하자, 민수는 "이제 때가 되었다!"라고 말하면서 천 개의 계단을 하나씩 밟고 올라갔다. 난 전율을 느꼈다. 이것은 연극에서 검은 마법사로서 한 말이었으나, 민수가 민수 자신에게 한 말이기도 했다. 그리고 그날 이후 민수는 달라졌다. '당당히 세상을 마주'했다. 무기력한 태도가 단번에 사라지지는 않았지만 민수는 눈에 띌 정도로 활기를 되찾아 갔다.

연극은 허구다. 연극을 할 때면 아이들의 머릿속에만 있었던 상상들이 쏟아져 나온다. 아이들은 무엇이든 말할 수 있고 생각하는 대로 움직일 수 있는 연극 시간을 좋아한다. 나는 아이들의 상상에 제한을 두거나 판단하지 않는다. 연극 세계에서는 옳고 그름도, 성별도, 나이도 없다. 현실을 바탕으로 시작하지만, 연극을 통해 도달하는 곳은 전혀 다른 세상이다. 개인의 상상이 모두의 상상으로 번져 나가고, 모두가 공유할 수 있는 커다란 허구가 만들어지는 과정은 매우 중요하다.

상상이 몰입에 미치는 영향은 상당히 크다. 아이들을 조금만 관찰하면 안다. 아이들은 별것 아닌 놀이 하나에 엄청난 집중력으로 몰입한다. 그 놀이 이외의 것은 들리지도 보이지도 않는다. 몰입하는 아이는 사실 여기에 있지만, 여기에 없기도 하다. 다른 세상에 있다. 이런 몰입이 연극에서 이루어진다면 어떨까? 연극에 참여한 모든 아이가 한 이야기 속에서 그렇게 살아 있다면?

아이들은 연극 안에서 진짜로 산다. 그 이야기 속에 진짜로 살아 있다. 아이들이 만들어 내는 인물과 사물, 또 여러 존재의 의미와 이유를 알아채지 못한다면, 교사는 그 세상에 속하거나 같이 살아 있기 힘들다. 다른 말로 은유나 상징이라고 한다. 하지만 그것이 무엇을 상징하든 연극 속 아이들과 교사의 만남에선 큰 의미가 없다. 교사가 연극 속에서 아이들의 선택이나 말과 행동을 분석하고 판단하는 순간, 그 세상은 교사에게서 멀어진다. 교사는 아이들과 같이 그곳에 살아 있어야 하고, 때로는 원래 그곳에 있었던 사람처럼 아이들과 조우해야 한다. 그곳은 바로 예술이라 불리는 세상이다.

어른이 되면서 잊어버린 세상, 고단한 일상과 물질적 목표에 밀려 멀어져 버린 세상, 그러나 절대 사라지지 않는 세상, 그곳이 바로 예술가가 구현해 내려는 세상이며 아이들의 놀이 세상이다. 그리고 연극 안에서 교사와 아이들이 만나는 세상이다. 따라서 아이들과의 모든 연극 활동의 목적은 예술 행위 그 자체의 목적과 같아야 한다. 그것을 도구화하여 다른 방식으로 활용하려고 할 때 연극 놀이는 변질되고 그 세상은 사라진다.

2. 즉흥의 형식화—연극 만들기

아이들과의 연극에서 빠질 수 없는 것이 바로 연극 만들기다. 즉 사람들 앞에서 발표를 하는 연극 활동을 말한다. 대부분의 아이들은 발표가 두렵다. 남들 앞에 서서 뭔가를 한다거나 모두의 시선이 자신을 향하고 있다는 것은 생각만 해도 겁난다. 틀리면 어쩌나, 실수하면 어쩌나, 비웃음거리가 되지 않을까, 놀림받지는 않을까 하는 걱정을 안 해 본 사람이 있을까 싶다. 그래서 연극 만들기 활동은 매우 섬세하고 조심스럽게 시작되어야 한다.

발표를 극도로 걱정하는 아이는 꼭 발표를 안 해도 된다. 무서워하는 아이에게 "연극할 생각만 해도 심장이 막 두근거리고 불안해?" 하고 물었을 때 아이가 그렇다고 대답하면 절대로 발표하게 하지 않는다. 이런 아이들은 무대 공포증이 생기거나 다시는 연극을 하기 싫어할 위험이 있다. 그런데 "그 정도는 아니에요, 그냥 걱정이 많아서요." 하고 대답하면 발표를 하도록 유도한다. 교사는 아이들의 말뜻을 잘 헤아려야 한다. 억지로 아이를 무대에 세울 이유는 없다.

2015년 산학교 6학년 아이들과 함께 만든 연극 「학교 종이 땡땡땡!」에는 총 여섯 가지의 에피소드가 담겨 있다. 학교에서 6학년 아이들이 겪을 수 있는 이야기들로 구성된 모든 에피소드는 아이들이 소그룹으로 나누어 장면 만들기를 하면서 완성했다. 연극으로 하고 싶은 이야기를 브레인스토밍으로 자유롭게 나눈 다음, 즉흥으로 장면을 만들고, 서로의 피드백을 받아 장면을 발전시켜 나갔다. 모든 과정이 즉흥이었다. 나는 아이들이 발표하는 모습을 동영상으로 찍어서 쪽대본을 썼다. 아이들은 쪽대본을 읽고서 그다음 장면을 만들었다. 그렇게 완성된 여섯 가지 이야기가 「학교는 학교다」「동생이 너무 싫어!」「마녀 상담사」「쪽지 돌리기」「친구를 잃을 뻔!」「누가 학교에서 똥을 싸?」이다.

그중 마지막 에피소드인 「누가 학교에서 똥을 싸?」를 소개한다.

지만이는 아침에 엄마가 주는 찬 두유를 급하게 마시고 학교에 온다. 그 때문일까? 내내 속이 불편하더니 기어이 학교에서 설사를 하고 말았다. 문제는 변기가 막혀 똥물이 넘쳐 버린 것. 화장실 바로 앞이 교실인 탓에 지만이네 반 아이들이 화장실과 복도를 청소하게 되는데 이에 불만을 가진 아이들이 똥 눈 범인을 찾자고 웅성거린다. 불안감에 당황한 지만이는 자기도 모르게 같은 반 여학생 새하를 범인으로 지목하고 만다. 새하는 누명을 벗기 위해 공개수사를 시작하고 결국 함정 수사에 걸린 지만이는 반 아이들 앞에서 자백하게 된다. 아래는 이 에피소드의 마지막 장면이다.

지만: 으아악! 그만! 그만해! 알았어. 알았다고! 나야. 내가 쌌어! 내가 쌌다고! 그럴 수도 있지! 똥을 쌀 수도 있고, 넘칠 수도 있지. 그걸 갖고 왜 난리냐고!

새하: 드디어 누명을 벗었네. 됐어, 그럼. 보윤아, 은별아, 고마워!

지만: 뭐, 뭐야. 너희들, 짜고 한 거야?

보윤: 당연하지. 누가 쓰레기를 일일이 확인하냐?

은별: 누가 오 분마다 시간을 체크하냐?

새하: 이런 걸 함정 수사라고 하지. 넌 거기 말린 거고. 이 설사 똥 범인아!

지만: 아, 억울해. 이건 정당한 수사가 아니잖아.

새하: 하지만 자백을 받아 냈잖아? 원래 그런 법이야.

지만: 흑! 난 다 끝났어. 다 끝났다고.

창포: 뭐가 다 끝나. 영화 찍냐? 그러니까 새하를 왜 건드려.

충실: 뭐, 학교에서 똥 좀 쌀 수도 있지. 대신에 다음부터는 넘치게만 하지 마라.

희준: 그래, 괜찮아. 인생에 오르막이 있으면 내리막도 있는 법. 며칠 안 가서 다 잊을 거야.

지만: 으앙, 나 이제 학교 못 다녀! 쪽팔려서 어떻게 다녀!

창포: 이건 비밀인데…… 나도 똥 싼 적 있어. 넘친 적도 있고.

충실: 나도 있어.

희준: 나도. 누구나 학교에서 똥을 싸.

충실: 뭐, 똥 싸는 게 특별한 일도 아니잖아?

지만: 이것들이 진짜! 병 주고 약 주냐!

아이들 우르르 몰려 나가고, 지만도 쫓아 나간다.

ㅡ「누가 학교에서 똥을 싸?」 중에서

소재를 찾고 그것을 자신들의 언어가 담긴 장면으로 표현하는 일이 아이들의 몫이라면, 이야기를 더 극적으로 구성하면서 주제를 생각해 보게 하고 인물의 캐릭터를 구체화하는 일은 주로 교사의 몫이다. 이를 위해서는 아이들이 만드는 장면을 유심히 보아야 한다.

이를테면 「누가 학교에서 똥을 싸?」의 경우, 한 학생이 장난삼아 한 이야기에서 시작되었다. 그 아이는 누군가가 학교에서 똥을 쌌는데 똥 물이 넘치는 이야기를 만들면 재밌겠다고 했는데, 가볍게 지나치기에는 이와 관련된 경험을 이야기하는 아이들이 많았다. 나는 이것을 연극의 소재나 주제로 삼으면 좋겠다고 생각했다. 5, 6학년이면 '자기'가

강화되고 사생활이 중요해지면서 감추고 싶어 하는 것이 많아진다. 나는 특히 아이들이 거짓말에 대해 공포심을 느낀다는 점이 흥미로웠다. '똥'이라는 소재는 지극히 '개인적'이면서 누구나 겪는 '보편성' 또한 내포한다. 아이들은 이 에피소드를 좋아했고 재밌어했다. 지만이 역할을 맡은 아이가 직접 만든 장면이기도 했다.

이런 과정을 거쳐야 하는 공동 창작은 예기치 못한 일들도 벌어지기 때문에 항상 즐겁지만은 않다. 하지만 아이들 입장에서는 자기가 만든 이야기가 고스란히 연극이 되니 재밌지 않을 수가 없다. 그래서 나는 힘들어도 주로 공동 창작으로 연극을 만든다. 본인이 만든 이야기이기에 당연히 발표에 대한 걱정이나 염려도 많이 줄어들지만, 무엇보다 아이들 스스로가 연극의 주인으로서 당당하게 무대에 설 수 있다.

원래 있던 이야기를 예비 텍스트로 삼아 연극으로 새롭게 만들 수도 있다. 어느 해에는 「헨젤과 그레텔」 이야기를 다르게 각색하자는 의견이 압도적이었다. 이 이야기를 만들 때 초기의 중심 질문은 '왜 아이들은 동화를 읽어야 하나? 동화는 과연 아이들에게 유익한 이야기인가?'였다. 아이들은 동화 속에서 주인공은 예쁘고 멋있게 그려지지만, 악역의 얼굴은 못생기게 그려진다면서 옛날 동화가 외모지상주의를 부추긴다고 말했다. 그리고 어떤 동화를 읽어도 행복하게 끝나기 때문에 결말을 예측할 수 있어서 재미가 없다는 의견도 있었다. 따지고 보면 이상한 이야기인데 어른들이 권장하는 동화도 많다면서 「헨젤과 그레텔」이 중점적으로 거론되었다. 현실에서 이 동화 같은 사건이 일어난다면 어떻게 될까? 그래서 아이들과 「헨젤과 그레텔」 동화를 비틀어서 연극으로 만들어 보기로 했다. 「헨젤이 그랬대!」는 관객을 배심원으로 설정한다. 헨젤과 그레텔의 재판 장면을 중심에 놓고 헨젤과 그레텔, 빨간 망토와

슈렉을 증인으로 등장시킨다. 백설 공주와 난쟁이, 왕자도 나온다. 모두 동화의 유익성에 관해 토론할 때 나왔던 인물들이다.

검사: 헨젤, 왜 길을 잃게 되었는지 설명해 줄 수 있습니까?

헨젤: (위축되어) 그게…… 아빠가 잠깐 기다리라고 했어요.

검사: 아버지는 아마 그 자리에 있으라고 했을 겁니다. 왜냐면 숲속은 위험하니까요. 그런데 피고인은 어떻게 했죠?

헨젤: (당황하며) 그레텔이 아빠를 따라가야 한다고 했어요. 아빠는 오지 않을 거라고, 우릴 버린 거라고, 빨리 쫓아가야 한다고 했어요. 그대로 있다가 밤이 되면 큰일 난다고.

검사: 그러니까, 아버지를 의심한 거군요? 아버지가 그 자리에서 기다리라고 했음에도 불구하고 마음대로 했단 말이지요?

헨젤: 저희를 버린 줄 알았어요.

검사: 아버지가 피고인 남매를 버리겠다는 말을 직접 하신 적이 있습니까?

헨젤: 직접은 아니지만…….

검사: 있습니까, 없습니까?

헨젤: 어, 없어요.

검사: 그럼, 모두 추측이거나 상상이군요!

(…)

헨젤: (흐느낀다.)

검사: 존경하는 재판장님, 배심원 여러분. 이 아이는 아버지의 말을 듣지 않고 숲속을 제멋대로 돌아다녔습니다. 그러다 길을 잃고는 부모가 자기를 버렸다고 거짓말을 하고 있습니다. 또한 과자로 된 마녀의 집에 함부로 들어가 그 집을 망가뜨렸습니다. 그것도 모자라 그 집주인을 살해하기까지

했습니다. 이 아이가 무죄라는 주장을 뒷받침해 주는 어떤 증거도 없음을 기억해 주십시오.

— 2016년 부천 산학교 6학년 졸업 공연 「헨젤이 그랬대!」 중에서

이때 몇몇 아이들은 대본 쓰는 작업에 직접 참여하기도 했다. 법정 용어가 많아 어려울 법도 한데, 자발적으로 사전을 찾아 공부해 가며 대본을 썼다. 길이도 제법 긴데 무척 잘 써 와서 놀랐던 기억이 난다. 아이들은 연극을 만드는 과정 자체를 재밌어했다. 보통 어른들은 아이들이 무대에서 주목받거나 박수를 받고 싶어서 연극을 한다고 생각하는데 전혀 그렇지 않다. 그건 소소한 동기도 못 된다.

아이들이 시키지 않아도 이렇게 즐겁게 하는 이유는 바로 상상이 실제로 구현되는 과정이 즐겁기 때문이다. 더 나아가 자기만의 생각, 상상이 관객들 앞에 당당히 보여 줄 수 있는 어떤 예술 행위로 업그레이드되는 경험을 좋아하기 때문이다. 이것이 연극 만들기 과정이자 힘이다. 자기의 것이기에, 자기에게서 나온 것이기에 아이들은 더 잘하고 싶어 하고 더 열심히 하고 싶어 한다. 힘든 것을 잊는다.

아이들의 공연을 본 부모들이 공통적으로 하는 이야기가 있다. 우리 아이가 뭔가에 집중해서 이렇게 열심히 하는 모습을 처음 봤다는 것이다. 아이들은 집에서 몰래 연습한다. 대사를 외우는 것도, 연기 연습도 문을 잠그고 몰래 한다. 가족과 절대 공유하지 않는다. 가족들은 공연을 보고 나서야 아이가 그동안 무엇을 준비한 건지 알게 된다. 나는 왜 아이들이 어른의 도움을 받지 않고 비밀스럽게 연극을 준비하는지 나중에서야 이해하게 되었다. 스스로의 힘으로 만든 연극에 대해 엄청난 자부심을 느끼기 때문이다. 아이들은 자신이 일구어 낸 결과물에 대해 무

한한 성취감과 만족감을 느낀다. 나는 스스로를 연극 천재라고 부르는 아이들을 정말 많이 만나고 있다.

연극의 가장 큰 매력은 '살아 있음'이다. 생동감 있게 지금 여기서 펼쳐지는 연극, 그리고 그 안에 살아 있는 '나'. 연극 수업에서 아이들은 그 세상을 창조하며 주인이 되어 온전히 즐긴다. 아이들이 주체적으로 이야기를 만들어 갈 때, 자기만의 예술을 할 때, 목소리를 내고 이끌어 갈 때, 나는 가장 보람을 느끼며 행복하다. 우리가 만드는 연극은 분명 허구이지만 그 허구의 세상 안에서 진짜 현실에서보다 더 강렬한 힘, 현실로 돌아와도 절대 사라지지 않는 어떤 환희와 힘을 느끼고 자신을 새롭게 발견하기 때문이다. 나는 이런 예술 활동이 아이들의 삶 속에서 강렬하게 발현되어 자기만의 흐름을 만들며 성장해 가는 가장 직접적인 순간을 늘 목격한다.

지난겨울, 스물한 살이 된 아이에게 7년 만에 갑자기 연락이 왔다. 대학에서 조형예술을 전공하고 있다는 그 아이는 문득 이렇게 말했다.

"연극을 했던 그 시간은 제 인생을 통틀어 가장 중요한 순간들이었어요!"

그렇구나. 그 아이와 했던 모든 연극의 순간들이 주마등처럼 지나갔다.

내가 만나 온 아이들이 모두 그리워진다. 세상 하나를 창조하고 바꿀 수 있었던 우리의 치열하고 유쾌한 연극처럼 그들의 현재를 사로잡는 무엇을 만났을까? 자기만의 위대함을 발휘하고 있을까? 그렇게 살아가고 있기를 진심으로 바란다.

대본 없이 시작해 보는 연극 수업

교육연극 수업을 진행하다 보면 시간에 쫓길 때가 많다. 대본 쓰기 작업부터 동작 표현까지 전달하기에는 주어진 시간이 너무 짧다. 그런데 이상하게도 시간이 충분히 주어졌을 때도 상황은 비슷하다. 결과에 대한 강박에 사로잡혀 있기 때문이다. 할당 예산과 정해진 시간 내에 연극 수업을 운영해야 하는 기관에서는 교육연극의 과정을 평가하기보다 번 듯한 결과물을 요구할 때가 많고, 당장 눈앞에 보이는 결과만으로 수업 전체를 판단하기도 한다. 하지만 교육연극의 성과는 그렇게 단순한 방식으로 평가할 수 없다. 필자는 아이들이 자기 생각을 몸으로 마음껏 표출할 수 있도록 도와주는 것이 교육연극이라고 믿고, 자유와 상상에 대한 자연스러운 욕구를 이끄는 과정 중심의 연극 수업을 진행해 왔다.

글에서 소개하는 연극 수업은 대본 없이 도전해 보는 수업 과정이다. 간단한 동작과 상상 과정을 통해 이야기를 구성해 내고, 자신이 만든 이

▌ **박홍서** 초등학교 연극 문화예술사, 前 경기 문화예술 교육위원회 연극 대표, 前 아트타운 대표.

야기를 연극의 형태로 표현할 수 있도록 안내하는 총 6차시 과정으로, 전체 과정이 자연스럽게 결과물을 끌어내는 과정 중심 연극 수업이다. 처음 연극 수업에 도전하는 교사들도 부담 없이 시도해 볼 수 있다.

• 1차시: 마음 열고 몸풀기

자기 생각을 다른 사람 앞에서 마음껏 표현하는 일은 누구에게나 쉽지 않다. 따라서 처음 한두 차시 수업에서는 아이들이 마음을 열고 스스로를 들여다보도록 하는 활동을 준비한다.

교사: (크게 웃는다. 꽤 오래 웃는다.) 하하하하.

의아해하던 아이들이 하나둘씩 웃기 시작한다. 반 아이들 입가에 미소가 퍼질 때쯤 전화를 받는 시늉을 한다. 그러고는 점점 목소리를 낮추었다가 갑자기 큰 소리로 화를 내기 시작한다.

교사: 그걸 이제야 말씀해 주시면 어떡해요! 그럼 제 입장이 어떻게 됩니까……. (한숨을 쉬며) 일단 수업 중이니까 나중에 이야기해요. 그리고 그거 그대로 두세요, 알겠죠? (단호하게) 절대 건드리지 마세요!

돌변한 분위기에 아이들은 서로 눈치를 보기 시작한다. 그러한 아이들을 하나둘 응시하며 조용히 묻는다.

교사: 얘들아, 아까 왜 웃었어? 그리고 지금은 왜 이렇게 표정이 심각해?

이 방식은 아이들에게 감정의 공감대와 전이를 설명하기 위해 자주 사용하는 기법이다. 이런 상황을 통해 아이들은 한두 명의 감정이 학급 전체를 흔들 수 있다는 것을 깨닫게 된다. 감정의 전이는 짧은 시간에 아이들과 정서적인 유대감을 형성하는 데 효과적이다.

또한 아이들의 관심을 불러일으키는 데에도 적절한 기법이다. "조용히 해!"라는 열 마디 말보다 이목을 끄는 연기가 아이들에게는 더 흥미롭게 다가오는 모양이다. 수업 중간에 불쑥불쑥 연기를 하다 보면 아이들은 어느새 적극적으로 개입하면서 또 다른 연기자가 되기를 자청한다.

다음은 슬슬 몸에 발동을 걸 차례다. 뭐니 뭐니 해도 아이들과 친해지는 데에는 게임만 한 게 없거니와 경직된 몸을 풀기에도 제격이다.

고리 풀기 게임

① 6인 1조가 되어 서로를 바라볼 수 있도록 둥글게 선다.

② 오른손을 들어 맞은편 친구의 오른손을 잡는다.

③ 왼손을 들어 바로 옆 사람의 왼손을 잡는다.

④ 잡은 손을 놓지 않은 채 꼬여 있는 팔을 풀어 본다. 다 풀어지면 다시 원상태가 만들어진다.

이 게임은 서로 협력하지 않고 서두르기만 하면 좀처럼 풀리지 않는다. 하지만 머리를 맞대고 차근차근 도전하면 의외로 쉽게 풀리기도 한

다. 이 과정에서 아이들은 단체 활동에서 협동심이 중요하다는 것을 깨닫고, 서로를 배려하는 마음을 익힐 수 있다. 협동심과 배려심은 앞으로 참여할 연극 수업에서도 기본적으로 지니고 있어야 할 마음가짐이다.

• 2차시: 타블로[1] 기법 활용하기

교사: 자, 지금부터 두 명씩 짝을 지어 보세요. 둘 중 한 명은 지점토가 되고, 다른 한 명은 조각가가 될 거예요. 선생님이 어떤 주제를 알려 주면 조각가가 된 친구는 그 주제에 어울리는 조각품을 만들어 봅니다. 서로에게 좋은 지점토와 조각가가 되도록 노력해 주세요.

처음에는 '방학' 같은 가벼운 주제로 시작한다. 지난 방학 때 무엇을 했는지 혹은 다음 방학에 하고 싶은 것이 있는지, 여태까지의 방학 중 가장 기억에 남는 에피소드가 무엇인지 등 '방학' 하면 떠오르는 생각들을 멋진 조각품으로 만들어 보는 시간이다. 활동에 몰입할 수 있도록 음악 한 곡을 틀어 준다. 음악이 끝나고 나면 조각가는 조각품 옆에 앉는다.

모든 조각품이 만들어지면 교사는 아이들에게 "지금부터 미술관을 열겠습니다."라고 한다. 이때 미술관에 흐를 법한 잔잔한 음악을 틀어 주면 더욱 좋다. 교사가 한 팀씩 돌아가며 조각가에게 작품 설명을 요청하면, 조각가가 자리에서 일어나 작품에 대해 설명한다. 조각가가 설명하는 동안 조각품이 된 아이는 멈춰 있어야 한다. 설명을 마친 조각가와 조각품은 자리에 앉아 다른 조의 작품 설명을 듣는다.

---

1) 미술에서 타블로(tableau)는 조각상을 뜻하지만, 연극에서는 역사적인 장면 등을 정지 장면으로 재현해 보여 주는 방식을 뜻한다.

교사: 이것은 어떤 조각품인가요?

어린이 1(조각가): 제목은 '으아아아악'입니다. 책상에 앉아서 괴로워하며 밀린 방학 숙제를 하고 있어요.

어린이 2(조각가): 제목은 '잠'입니다. 지난 여름 방학에 하루 종일 핸드폰보다 잠자기를 반복하는 저의 모습입니다.

두 번째로 제시한 주제는 '나에게 특별한 능력이 생긴다면?'이다. 주제를 말해 주니 아이들 사이에서 기대에 찬 감탄사가 들리다가 갑자기 고민에 빠진 듯 진지하게 의견을 주고받는다. 그러더니 서로 자기가 먼저 발표하겠다며 아우성이다. 이렇게 정(靜)과 동(動)이 어우러진 모습 자체가 연극의 속성을 보여 주는 것이기도 하다.

교사: 이 조각품은 무슨 능력이 있나요?

어린이 3(조각가): 눈을 감고 숫자 5까지 외치면 내가 가고 싶은 곳으로 순간 이동할 수 있는 능력이 있어요.

교사: 순간 이동 능력으로 당장 가고 싶은 곳은 어디인가요?

어린이 3(조각가): 유럽요. 메시가 뛰고 있는 축구장으로 가서 경기를 보고 싶어요.

어린이 4(조각가): 손가락으로 네모 모양 액자를 만들면 다른 사람의 마음을 읽을 수 있어요.

교사: 마음을 읽는 능력으로 누구의 마음을 읽어 보고 싶은가요?

어린이 4(조각가): 친구들의 마음이 궁금해요.

이처럼 상상을 바탕으로 하는 활동을 진행하다 보면, 아이들의 상상이 극단적이거나 폭력적인 방향으로 흘러갈 때가 있다. 부적절하다고 판단된다면, 일단 아이들의 이야기를 충분히 들어 준 뒤, "같은 능력을 일상생활에서 좋은 방향으로 활용할 수 있는 방법이 있을까?" 같은 질문을 건네 좀 더 옳은 방향으로 이야기를 끌어내는 것이 좋다. 처음부터 무조건 안 된다고 부정하면 아이들이 마음을 닫아 버릴 수 있다.

• 3차시: 공간 속 인물 표현하기

이번에는 특정한 공간에 있는 인물을 표현하는 활동이다. 공간 설정은 일종의 제약이기도 하지만, 인물을 선명하게 구현하는 동시에 사건을 만들어 내는 요소가 되기도 한다. 어떤 공간이냐에 따라 인물의 모습과 대사가 달라질 수 있다. 이 활동은 공간과 인물이 서로 긴밀하게 연결되어 있음을 깨닫는 과정이기도 하다. 공간에 대한 정보를 미리 알려 주고 시작할 수도 있지만, 아이들이 정지 동작을 보거나 대사를 듣고 공간을 알아맞히는 활동도 추천한다.

그곳에 가면!

① 교실 전체를 여러 구역으로 나눈 뒤 구역마다 병원, 슈퍼, 야구장 같은 특정 장소의 이름을 붙인다.

② 특정 장소 안에 어떤 인물들이 있는지 상상해 본다. 그 인물은 무엇을 하고 있는지, 지금 무슨 생각을 하고 있는지, 이 장소에 오기 전에는 무엇을 하고 있었는지 등을 자유롭게 상상한다.

③ 조각상이 되어 그 인물을 정지 동작으로 표현해 본다.

④ 특정 장소와 인물을 모두 정했다면, 아이들은 한 장소의 한 인물을 고르

고, 그 인물 역할을 연기한다. 교사가 조각상을 하나씩 가볍게 건드리면 조
각상은 상황에 어울리는 대사를 한마디 한다.

• 4차시: 동화 카드, 상황 카드로 이야기 구성하기

이제 본격적으로 이야기 구성 활동에 들어간다. 이때 두 종류의 카드
가 필요한데 하나는 동화 제목이 적힌 카드이고, 다른 하나는 다양한 상
황이 적힌 카드다. 동화는 아이들이 잘 아는 작품으로 넣는다.

상황 카드 예시

친구에게 부탁할 일이 생겼는데, 친구가 좀처럼 부탁을 들어주질 않는다.	상담원에게 많은 전화가 걸려 온다.
꼭 갖고 싶은 물건이 있는데, 엄마는 절대 안 사 준다고 한다.	엄마가 아프다는 소식을 들었다.
심사위원에게 무언가 보여 줄 마지막 기회가 왔다.	친구 생일잔치에 갔는데 초대받은 사람 중에 나만 왔다.
머리를 잘랐는데, 자고 일어나니 마음에 들지 않는다.	내 눈앞에 현상금 1억이 걸린 현상 수배범이 지나가고 있다.
배우들이 공연장 안에 갇혔다.	경찰서에 갇힌 나쁜 사람들이 어떻게든 경찰서를 빠져나오려고 한다.
강도들이 은행을 습격했다.	길을 가다가 넘어졌다.
가족 여행을 가는 길에 연료가 떨어지고, 핸드폰도 모두 꺼지질 않는다.	1등 복권에 당첨되었다.

속상해하는 친구의 마음을 풀어 주기 위해 함께 노래방에 갔다.	엘리베이터가 갑자기 멈췄다. 그 안에는 심장이 약한 할머니, 배달부 아저씨, 고등학생, 그리고 내가 타고 있다.

이 활동은 모둠별로 해도 상관없지만, 처음에는 반 전체를 대상으로 하는 게 좋다. 교사가 질문하면서 이야기를 어떻게 엮어 가는지를 아이들이 탐색할 시간이 필요하기 때문이다. 순서는 다음과 같다.

① 동화 카드를 하나 뽑고, 줄거리를 함께 상기한다.
② 상황 카드를 하나 뽑는다.
③ 동화에 상황 카드의 내용을 접목해서 새로운 이야기를 구성한다.

여기서 주의할 점은 모두가 다 아는 이야기라 하더라도 줄거리를 복기하는 시간이 꼭 필요하다는 것이다. 그래야 이야기의 구성이 엉뚱한 방향으로 흐르지 않으며, 교사도 수업을 매끄럽게 이어갈 수 있다.

이야기 구성하기

일부 학생이 답변을 독점하지 않도록 최대한 모든 학생에게 골고루 대답할 기회를 준다. 하나의 질문에 여러 답변이 나오면 교사가 하나의 답변을 선택한다. 자신의 대답이 선택받지 못해 실망하는 학생이 있을 수 있으므로 진행자에게 선택권이 있음을 미리 알려 줄 필요가 있다. 다음은 이러한 방식으로 이야기를 구성한 사례이다.

〈사례 1〉

동화 카드: 흥부와 놀부
상황 카드: 1등 복권에 당첨되었다.

교사: 흥부와 놀부 중 누가 복권에 당첨되면 좋을까요?

어린이: 흥부요.

교사: 좋아요. 흥부는 그 복권은 어떻게 갖게 되었을까요?

어린이: 지나가는 사람이 주었어요.

교사: 그렇군요. 지나가는 사람은 왜 흥부에게 복권을 주었나요?

어린이: 불쌍해서요.

어린이: 고마워서요.

어린이: 당첨이 안 될 거라 생각해서요.

교사: 고마워서라는 대답이 있었는데, 그 사람은 흥부에게 무엇이 고마웠을까요?

어린이: 먹을 것을 주었으니까요.

교사: 가난한 흥부는 어떻게 그 사람에게 먹을 것을 줄 수 있었을까요?

어린이: 아르바이트해서요.

교사: 흠……. 어디서 아르바이트를 했을까요?

어린이: 놀부네 부대찌개에서요. (다 같이) 하! 하! 하!

교사: 와우! 놀라운 대답인데? 흥부는 놀부네 식당에서 아르바이트를 하고 있었고, 지나가는 사람에게 음식을 주었군요. 그 사람은 흥부에게 고마워서 복권을 한 장 건네주었고, 예상치도 않게 흥부가 1등에 당첨이 된 거군요. 그렇다면 흥부는 당첨돼서 받은 돈으로 무엇을 했을까요?

어린이: 흥부도 식당을 차려요. '흥부네 갈비'라고요. 하하!

교사: 그렇군요. 흥부가 고깃집을 차렸어요. 식당을 차렸으니 그다음은 무

엇이 필요할까요?

어린이: 일할 사람이 필요해요.

교사: 그래요. 일할 사람을 구했다고 치고, 이 사람은 어떤 사람일까요?

어린이: 폐지를 줍는 할머니요. 흥부는 착하니까.

교사: 우리가 잠시 잊고 있던 놀부는 어떻게 되었을까요?

어린이: 흥부가 복권에 당첨됐다는 소식을 듣고 그 복권을 준 사람을 찾으러 다녀요.

교사: 놀부네 식당은 어쩌고?

어린이: 계속 복권만 찾아다니다가 장사를 못 해서 쫄딱 망해요.

〈사례 2〉

동화 카드: 백설 공주
상황 카드: 엄마가 아프다는 소식을 들었다.

교사: 백설 공주 이야기에는 많은 인물이 나오지요. 그중 누구의 엄마가 아프다고 할까요?

어린이: 백설 공주요.

어린이: 난쟁이요.

어린이: 마녀요.

교사: 자, 난쟁이라고 해 보자. 난쟁이는 엄마가 아프다는 소식을 듣고 어떻게 했나요?

어린이: 안 가요.

어린이: 당장 달려가요.

교사: 안 간다고 했는데…… 안 간 걸까요? 못 간 걸까요?

어린이: 못 간 거죠. 너무 바빠서요.

교사: 아, 난쟁이들은 엄마를 찾아가지 못할 정도로 무척 바쁜가 보네요. 그렇다면 엄마가 아프다는 소식은 어떻게 전해 들었을까요?

어린이: 백설 공주가 알려 줬어요.

교사: 백설 공주는 어떻게 알게 되었나요?

어린이: 왕비 때문에 성 밖으로 쫓겨났다가 숲에 쓰러져 있는 난쟁이의 엄마를 발견했거든요.

교사: 백설 공주가 그 상황에서 어떻게 했을까요?

어린이: 당연히 도와주었지요.

교사: 그렇다면 난쟁이들은 도대체 왜 그리 바쁜 건가요? 난쟁이들의 직업을 정지 장면으로 표현해 볼까요?

(정지 장면 활동을 한 후에 대사를 만들어 본다.)

교사: 난쟁이들이 참 다양한 직업을 가지고 있네요. 이렇게 바빠서 엄마가 아프다는 소식을 듣고도 찾아갈 수가 없는 거군요. 그럼 이제 왕비 쪽 이야기도 해 볼까요? '왕비' 하면 뭐가 떠오르지요?

어린이: 독이 든 사과를 백설 공주한테 주는 장면요.

교사: 그럼 이번에는 백설 공주가 그 사과를 먹었을까요?

어린이: 아니요. 먹지 못했어요. 난쟁이의 엄마를 간호하느라 바빠서 왕비를 만날 새도 없었으니까요.

교사: 그럼 왕비는 그대로 포기했을까요?

어린이: 아니요. 어떻게든 유인해서 죽이려고 할 거예요. 숲 같은 곳에서…….

교사: 그렇다면 백설 공주는 과연 어떻게 될까요? 그 결말은 두 팀이 각자 상상해서 발표해 볼까요?

• 5차시: 역할 정하고 무대 구성하기

아이들에게는 연극에서 어떤 배역을 맡는지가 가장 중요한 관심사다. 역할에 따라 호불호가 갈리기 때문에 역할을 정할 때 적잖은 갈등이 생기기도 한다. 따라서 역할을 정할 때는 아이들과 미리 규칙을 정할 필요가 있다.

첫째, 내가 맡고 싶은 역할을 하나씩 고른다.

둘째, 하나의 역할을 여러 명이 하고 싶어 할 때 서로 상의해서 결정하고, 그래도 결론이 나지 않으면 제비뽑기로 결정한다.

셋째, 원하지 않는 역할을 맡은 사람끼리 합의하에 역할을 바꿀 수 있다.

넷째, 배우 역할을 원하지 않으면 무대나 음향 등에 관여하는 스태프 역할을 맡는다.

역할이 정해지면 무대를 어떻게 구성할지 의견을 모은다. 제일 간편하고 효과적인 방법은 종이테이프를 활용하는 것이다. 바닥에 사각형 무대 형태로 종이테이프를 붙인 다음, 무대 중앙과 관객의 위치, 등장로와 퇴장로를 바닥에 표시해 두는 것만으로도 아이들의 몰입도를 높일 수 있다. 이는 무대와 관객

무대 구성하기

의 공간을 구분해 줄 뿐 아니라 배우가 동선을 파악하는 데에도 도움을 준다.

한편 장면 전환은 시청각 기자재를 이용하면 좋다. 빔 프로젝터나 대형 티브이를 활용한다면 간단한 배경은 물론 효과음까지 쉽게 활용할 수 있다.

• 6차시: 과정이 담긴 연극 공연

이번 차시는 '공연'이라는 이름을 붙이기에는 준비 시간이 부족한 게 사실이다. 1차시는 어색하고 서먹한 분위기를 깨는 아이스 브레이킹(ice breaking) 단계였고, 2~3차시는 타블로 기법을 활용한 활동이며, 4~5차시에 이르러서야 비로소 이야기를 구성하고 역할을 나누기 시작했기 때문이다. 하지만 앞서 이야기했듯 연극 수업은 결과가 아니라 과정이 중요하고, 특히나 이 글에서 소개하는 연극 수업은 준비된 대본이 아니라 만들어 가는 대본을 추구한다. 별도로 대본을 작성하는 데에도 큰 힘을 들이지 않아도 된다. 앞에서 나온 내용을 간단하게 정리해서 흐름을 잡는 정도면 충분하다. 구성한 이야기를 바탕으로 사건별 혹은 장소별로 장면을 나눈 다음 대본을 쓰면 아이들은 각 장면에 더욱 몰입할 수 있고, 더 쉽게 해당 장면의 대사를 구성할 수 있다. 대사는 극 상황과 상대 역할의 대사에 맞춰 조금씩 바뀌기도 한다.

줄거리는 함께 만들어도 팀에 따라 결과물의 분위기는 사뭇 다르다. 정해진 대본이 없으므로 애드리브가 발동되기도 하고, 심지어는 극의 흐름이 엉뚱하게 전개되기도 한다. 예상치 못한 상황이 벌어져도 아이들은 즐거워한다. 무대 공연에서는 경험할 수 없는 과정 중심 연극 수업만의 장점이다.

교육연극이 낯선 교사라면 처음부터 10차시 이상의 긴 프로젝트나 정식으로 펼치는 무대 공연 수업을 진행하기보다는 대본 없이도 도전해 볼 수 있는 과정 드라마 형식의 연극을 권하고 싶다. 처음에는 이야기를 구성하는 단계에서 교사의 역할이 도드라지지만, 한두 번 반복하다 보면 아이들 스스로 더 창의적이고 기발한 이야기들을 만들어 낸다. 타블로 같은 간단한 기법도 반복하다 보면 아이들이 다양하게 변주하는 모습을 볼 수 있을 것이다. 이러한 변주는 아이들이 연극을 하나의 규칙이 아닌, 즐거운 놀이로서 받아들인다는 증거이기도 하다.

지금까지 소개한 수업은 일상과 밀접하게 연관된 놀이형 연극 수업이다. 대단하고 완성도 높은 연극 수업이 아니라 언제든 끄집어낼 수 있고, 많은 준비 없이도 교실에서 실천하기 쉬운 수업을 보여 주고 싶었다. 이 수업을 통해 많은 교사들이 연극 수업에 용기를 얻길 바란다.

교사를 위한 어린이 연극 수업

초판 1쇄 발행 • 2020년 2월 28일

지은이 • 천효정·오은정·최지영·신지수·이충일·이나라·탁동철·김중미·이수연·박흥서
펴낸이 • 강일우
책임편집 • 나고은
조판 • 박지현
펴낸곳 • (주)창비
등록 • 1986년 8월 5일 제85호
주소 • 10881 경기도 파주시 회동길 184
전화 • 031-955-3333
팩시밀리 • 영업 031-955-3399 편집 031-955-3400
홈페이지 • www.changbikids.com
전자우편 • enfant@changbi.com

ⓒ 천효정·오은정·최지영·신지수·이충일·이나라·탁동철·김중미·이수연·박흥서 2020
ISBN 978-89-364-4767-0 03370